大学教授が語る霊性の真実

――魂の次元上昇を求めて

濁川 孝志

でくのぼう出版

『大学教授が語る霊性の真実』に寄せて

東京大学名誉教授　矢作直樹

本書は、濁川先生の「人々の霊性の喪失が現代社会の諸々の問題点を生み出してきた」という強い思いから生まれたものです。そのために、一般の人達にできるだけ分かり易く「霊性」を伝えたいという熱意が伝わってきます。

世の中は、物質的繁栄を求めた拝金主義により、世界中の富の半分以上を人口のわずか1％の富豪が握るという貧富の二極化、極端な気候変動と甚大な自然災害をきたしています。濁川先生は、この20年霊性を研究の中心に据えながら「人の生きる意味を問う」トランスパーソナル心理学を研究してこられました。その答えこそが、今のこの混沌とした世の中に求められているのです。濁川先生は、研究者の視点で客観的かつ論理的に「霊性」を捉えようとされています。きっと読者の方々に伝わるのではないかと思います。

霊性について考える時に重要なのは、祖先である縄文時代の人々です。彼らは豊かな霊性のもとに暮らし、大きな争いごとの無い社会を1万数千年も維持したと言われます。現代の私たちも、先祖を見習って一人ひとりが霊性を磨き、万物と調和するよう価値観を変えて行きたいものです。

濁川先生は、この縄文の生き方から、人間の本質である魂がこの三次元世界にとどまらず高次元にまで拡大することを述べられています。それを考える拠所として今の未熟な科学の最先端である量子論がようやく概略を捉え始めたこと、それを超えた次元を表す事実としての霊的な現象について考察を巡らされます。

多次元世界に敷衍《ふえん》する量子論はごく一部の物理学者を除いて、物理学者でも専門外ですので、当然世間での「科学」の常識にはなっていません。従って、多くの人たちにとって高次元世界のことを「科学」が説明するまでには至りません。濁川先生は、霊能力、物質化現象や生まれ変わりの真実など、近代の西洋や日本のさまざまな具体的事象を述べることでその溝を埋めようとされています。

そして、「大航海時代」のヨーロッパでキリスト教に縛られた常識から、コペルニクスやガリレオに代表される新たな自然界へのアプローチが生まれた「発想の大転換」を強調されています。しかも、「科学的な叡智と言うのは、直感によってもたらされる」。言い換えれば、それは科学の範疇と言うよりも、むしろ直感という霊性の範疇から「科学的な叡智」が生み出されることを指摘されています。そこに、自分の意識の壁に囚われることなく、虚心坦懐に事実を見た上で向き合って考えてほしいという濁川先生の熱い思いが感じられるのではないでしょうか。

濁川先生は、座学だけでなく、実際に幾多のシンポジウム、対談や映画上映により霊性を伝える人々の紹介をされてきました。そうすることで直接一般の方々に霊性について身近に感じ考えてもらえたのではないかと思います。2019年12月に開かれた「霊性と現代社会」というシンポジウムでは500人の聴衆に、霊性の意味するところを語り、それを前提に現代社会を調和に導く上での霊性の重要性を指摘されました。さらに、2018年には立教大学で『日本トランスパーソナル心理学／精神医学会』の学術大会を開催し、「自然とスピリチュアリティ」と題するシンポジウムを催されました。

先生の立教大学の『ウエルネス福祉論』という講座では、共同研究者の飯田史彦先生の『生きがい論』をベースに、霊性（スピリチュアリティ）を重要なテーマとして、人が生きる意味や霊性の重要性に関して学生に伝え議論してこられました。同講座では、池川明先生の『胎内記憶』

も取り上げ、また池川先生に授業していただき、濁川先生ご自身が創案されたスピリチュアリティ評定尺度（ＪＹＳ）を用いて学生の霊性のレベル、生きがい感、見えない世界への理解の向上を確認され、「霊性は教育によって醸成できる」という大変大きな可能性を示されています。

ＪＹＳの確立により、先生が本題とされる「自然と霊性の関係」の実証研究に取り組んだ結果、短期の自然体験が霊性、生きがい感や精神的健康度を向上させることを示されています。さらに、過去の自然体験が多い人ほど霊性が醸成されている可能性を示唆されています。このように自然体験の重要性を客観化して示されたことは意義深いことです。これは先生の研究対象でもあるアラスカの大自然で生きた写真家星野道夫の世界観にも通底します。

もう1年余も続いている新型コロナウイルス騒動について、人の移動・行動制限による分断・孤立・萎縮から人としての営みそのものである経済活動に甚大な影響を与えました。そこから先生は、これまでの物質的繁栄を尊ぶ価値観から自然と共存してゆくことでの心の平安を求める霊性に根差した価値観への転換の必要性を強調されていて、読者の皆様も賛同されるのではないでしょうか。

そして、最後に「日本人の役割とこれからの生き方」で、古来の日本人の「多様なものを受け容れそれとの共存共生を目指す価値観」こそが、これからの世界中の人々がやがて共有すべき思想であること、その為には今の私たち自身がその思想を思い出し、「霊性」を磨くことの必要性を強調されています。

本書が読者の皆様の人生に必ずや資することを確信し推薦させていただきます。

目次

大学教授が語る霊性の真実

——魂の次元上昇を求めて

目次

第三章　霊性の発信……85

第五章　新型コロナウイルス騒動と霊性

はじめに

Don't be afraid to talk about spirit!（Bob Sam）

私は大学教員として、ここ20年程トランスパーソナル心理学という分野の研究に携わってきました。このあまり聞き慣れない学問を思いっ切り簡単に一言で説明するならば、霊性を研究の中心に据えながら「人の生きる意味を問う」、という壮大なテーマを掲げた学問領域ということになります。もちろん私などは、その領域の一端のまた一端を僅《わず》かに垣間見た、という程度にしか「この問いに対する答え」を理解しておりません。しかし昨今の日本の、あるいは世界の情勢をみるにつけ、「この問いに対する答え」が今求められているのだ、という思いを強くしています。本書では、今まで私が学んできたこと、そして先人たちの教えを参照しながら、現代社会における霊性の在り方について考えてみたいと思います。

これを書いている2021年2月現在、世界はコロナウイルスの影響で大きな混乱、動揺の中にあります。私自身も、かつて経験のない大きな戸惑いの中にあります。10年前の東日本大震災の時も日本は大きな困難に直面しました。もちろんそれは他人事で済まされない大きな衝撃だったわけですが、それでもあの時私は直接の被災者ではありませんでした。しかし、このコロナ禍は違います。世界中の全ての人に感染の可能性があり、大きな恐怖の下にあります。それは、ある意味人為的に作られた恐怖なのですが。ともあれ私自身も大きな影響を受けました。自分が関係するイベントは次々と中止になり、勤務する大学は昨年、卒業式も入学式もできませんでした。昨年（2020年）予定されていた世界的なイベント、東京オリンピックも延期されました。果たして今年、できるのかどうか。国を越えての人々の移動は制限され、世界経済はリーマンショック以上の大打撃を受けたと言われます。世界中に失業者が増え、日本もその例外ではありません。私は戦争を知らない世代ですが、まるで見えない敵との戦争が始まったような気分です。世界は今、先行きの見えない混乱の中にあります。

では、コロナ禍が始まる以前の世界はどんな状況だったでしょうか。そこにあったのは、音を立てて大きく変わりゆく地球の姿でした。極端な気候変動と甚大な自然災害。世界中の富の半分以上を人口のわずか1％の富豪が握るという、貧富の二極化。自国第一主義が助長する国際社会の分断。政治や宗教と連動した地域紛争、そしてテロ。ＡＩの台頭による人間疎外……

などなど問題を挙げ出したら切りがありません。このような問題を生んでいるのは、「物質的繁栄こそが幸せ」であると勘違いした拝金主義的な価値観でしょう。この価値観こそが自然の生態系を無視した開発を促進し、結果、世界各地に深刻な自然環境破壊をもたらし、それは気候変動や自然災害として私たちの生活を脅かしているのです。そして人々は、薄々そのことに気付き始めたように思います。しかし、体に染みついた既存の価値観から抜け出すのは、そう簡単なことではありません。そこにもたらされたものこそ、今回のコロナ禍だと思うのです。

この騒動の発生原因には、色々な見方があります。起こっている事態を冷静に見つめると、自然発生的に起きている現象としては説明がつかない部分も確かにあります。つまり報道されている事実の背後に潜む、人為的、作為的な意図の存在です。その辺りのことに関しては、第五章で改めて述べたいと思います。しかし発生源が何であったにせよ、結果的にこのコロナウイルス騒動は、地球が発している私たち人類へのメッセージになっていると思うのです。では、そのメッセージとは何か。それは一言で言えば、「霊性の時代に立ち返れ」という啓示です。物質主義的な価値観を見直し、霊性を基本とした利他の精神に立ち返れ、という天の声です。

ガイア理論という考え方があります。イギリスの生物物理学者ジェームズ・ラブロックの唱える学説です。簡単に説明すると、「地球そのものが一つの生命体で意志をもって生きている」

とする考え方で、地球環境問題を考える上で、とても重要な発想の一つです。この発想でちょっと視点を変えてみると、人間にとっては恐ろしい現実も見えてきます。人類が現在のまま、全体の調和を考えず地球に負荷をかけ続けるのなら、生き物である人間が自分の中の癌細胞を破壊しようとするように、生き物である地球は、この惑星で最も有害な存在、すなわち人類を駆逐しようとするかも知れません。近年地球規模で問題になっている深刻な自然災害などは、こんな地球の営みと関わりがあるのではないかと思えるのです。そして今回のコロナウイルスの問題も、その一つだと思うのです。考えすぎでしょうか。

縄文時代の人々は豊かな霊性のもとに暮らし、大きな争いごとの無い社会を何千年も維持したと言われます。現代の我々に縄文の暮らしはもちろん出来ません。しかし、一人一人が霊性を磨き、価値観を再考することは可能だと思うのです。地球全体の調和を無視した人間中心主義的な振る舞いを改め、生命中心主義的な生活にシフトして行くことこそ、今私たちに求められているのだと思います。そして、それこそが結果的に私たちを幸せに導くことになるのです。

映画「地球交響曲《ガイアシンフォニー》」を撮った龍村仁監督は、次のようなメッセージを私たちに投げかけます。

かつて人が、花や樹や鳥たちと本当に話ができた時代がありました。その頃、人は自分たちの命が、宇宙の大きな命の一部であることを誰もが知っていました。太陽を敬い、月を崇め、風に問《たず》ね、火に祈り、水に癒され、土と共に笑うことが本当に生き生きとできたのです。ところが最近の科学技術のめまぐるしい進歩とともに、人はいつの間にか、『自分が地球の主人であり、自然は自分たちのために利用するもの』と考えるようになってきました。その頃から人は、花や樹や鳥たちと話す言葉を急速に忘れ始めたのです。人はこのまま自然と語り合う言葉を、永遠に忘れてしまうのでしょうか。それとも科学の進歩と調和しながら、もう一度、その言葉を思い出すことができるのでしょうか。

（映画『地球交響曲』）

地球上の全ての存在は、人間の為に存在しているわけではありません。花も樹も鳥も、そして岩や水や風さえも全ては意思をもって、全体の一部として調和の中に存在しているのです。それは人間とても同じです。この事実を思い出し、私たちが勘違いして培った物質主義的な価値観を見直し、豊かな霊性に根差した生き方に喜びを感じるとき、私たちは再び花や樹や鳥たちと話す言葉を思い出せるのではないでしょうか。母なる星ガイア（地球）はそんな私たちを再び優しい眼差しで抱いていてくれることでしょう。本書では、かつて私たちが宿していた豊かな霊性を再び思い出すために、霊性と現代人の関わりについて様々な視点からご紹介したいと思います。本書の目的は、「霊性を分かり易く伝えること」です。これまでにも、多くの先人達が霊性を説明してきました。しかし真理を見極めた達人の書というのは、往々にして哲学的な表現が多く一般には分かりづらい部分がありました。ですから本書では、霊性をできるだけ平易な言葉で分かりやすく伝えたいと考えます。従って、この種の情報に通じている人、あるいはスピリチュアルな事象に詳しい方にとっては本書の内容など、良く知っている当たり前のことかも知れません。しかし、一般の人達は意外と見えていないのです。この霊性に溢れた美しい世界が。なぜなら、多くの善良な市民はこの種の情報から切り離された世界で生きているからです。ここにこそ、大きな問題があります。

私は立教大学で30年以上に渡り教鞭をとってきましたが、その間、霊性は最も重要な学生に伝えるべきテーマでした。霊性を巡って、熱い議論を学生諸君と交わしてきました。同時に、数々の講義や講演会、学会のシンポジウムなどを通じて霊性について発信し、皆さんと議論をしてきました。一般にはあまり知られていませんが、日本にも霊性を研究テーマとする学会があり、これを真摯に研究する学者が沢山いるのです。霊性は人間存在の根幹に関わるテーマですから、これは当然と言えば当然なのです。

先日、久しぶりに大学教授時代の友人と会った時、たまたま流れで話が霊性に及びました。その時彼は、君のことは信頼するけれど話す内容に関しては受け容れ難い、という趣旨のことを言いました。彼は長年開業医をしており、地域の住民からも信頼されるとても誠実な人間です。これが、多くの善良な市民の現実ではないでしょうか。そういう方たちにこそ、気づいて欲しいのです。我々の宇宙を取り巻くこの真実に。

今、巷では精神世界に興味を持つ人々を中心にアセンション（次元上昇）という言葉がよく囁かれます。地球全体が霊的な変化を遂げ、その変化に上手く対応できた人々は霊的に上昇し、もって生まれた自分の使命に沿った豊かな人生が展開するという考えです。同時に昨年（2020年）末辺りから地球は魚座の時代から水瓶座の時代へ移行し、魂の声に耳を澄ませて生きる人達は、より軽やかに自由に自分を表現できるようになる、とも言われます。そのように言われる根拠は、敢えてここでは記しません。今の常識で捉えれば、それは荒唐無稽なおとぎ話です。一笑に付されることでしょう。しかし、私は敢えてここで断言します。今、私たちには「魂の次元上昇」が必要なのだと。その時期を迎えているのだ、と。繰り返しになりますが、本書はできるだけ分かり易く「霊性」を解説しました。その発信対象は、この世界の大多数を占める「常識」から離れられない人々です。今、私たちは、発想の大転換。魂の次元上昇が求められています。自分自身も含め、霊性の本質を理解し、この次元上昇に乗り遅れないために本書を記しました。多くの人達が持つ「常識」と言う眼鏡の曇りを拭い去るうえで、本書が少しでも役に立てば幸いです。

第一章　霊性とは何か

人間の本質

幼少期の自問　――「人はなぜ生きないといけないのだろう」――

人間とは何か。何のために我々は生まれてくるのか。あるいは、そもそもそこに特別な意味などないのか。古来幾多の覚者たちが、そして賢人たちが挑んできたこの壮大なテーマに関して、私ごとき浅学の徒が語るのは僭越極まりないことです。それは重々承知しています。しかしどんな人間でも、長く生きていれば必ず「この問い」の前に立ち尽くす瞬間があるはずです。それは、人生の困難に直面した時かも知れません。あるいは、理不尽な不条理に苛まれた時かも知れません。それとも、何気ない日常に無常感を覚えた時でしょうか。かく言う私も、この「何のために生きるのか」、という問いを自分の中で反芻した経験が幾度かあります。私は特別なのかも知れませんが、子供の頃に既にそんな思いに駆られていました。今でも何故かデジャヴのように思い出すその情景は、夏休みの気だるくて退屈な昼下がり、一人自宅の部屋にぽつねんといて、なぜかどうしようもない孤独感と寂寞感に襲われている自分がいるのです。その時ぼんやりと考えるのは、人は死んだらどうなるのだろう。なぜ僕は生きないといけないのだろう、という答えの出ない問いでした。そして、この宇宙はどこまで続いているのだろう。宇宙に果てがあるとしたら、その先には何があるのだろう、というやはり答えの出ない問いでした。ふとした瞬間に、そんな思いが湧き出すのです。何とも言えない虚無感に胸が押しつぶされそうになり、一人で狭い部屋にいることに耐え切れず、逃げ出すように外に出て浅い呼吸をしながらただ空を見ている自分。小学生の頃だったと思います。私は、特別ませていたのかも知れません。

最近になって「人はなぜ生きないといけないのだろう」という思いを強く持ったのは、忘れもしない2011年3月11日に発生した東日本大震災の時でした。あの時ばかりは、日本中にこの問いの前に立ち尽くした人が大勢いたのだと思います。昨日まで一緒に暮らしていた最愛の家族が、もうここにいない。昨日まで長年住み慣れた大切な家が、もうここにはない。一緒に野山を駆け巡った竹馬の友の顔を、もう二度と見ることができない。そんな現実を前にして、人が生きることに何の意味があるのだろう。それでも、自分は生きなければならないのだろうか。そんな思いが日本中に渦巻いていたのだと思います。

人間の本質

人間は、何のために生きるのでしょうか。このテーマについて考える前提として、まず人間の本質について考えてみたいと思います。多くの先人たちが既に述べているように、人間の本質は「魂」だと私も考えます。これを「意識体」と呼ぶ場合もあります。呼び名はともかく、人間の実体は肉体でも脳による思考でもなく、意識を伴った高次の存在だという事です。これを「霊」と呼ぶこともあります。一般にこの存在が肉体と繋がっている時には魂と呼び、肉体から離れた場合には霊と呼ぶことが多いようです。この高次の存在が肉体と繋がっている状態が「生きている」ということです。従って、これが肉体から離れた状態を「死」と呼びます。死を迎え役目を終えた肉体は滅び、やがて自然に還ります。しかし、死をもって私たちが消滅することはありません。意識は残ります。私たちの魂（霊）は永遠なのです。この永遠性を喜ばしいと考えるか、あるいは重荷と考えるかはまた別の問題です。ここでは仮に魂と呼ぶことにしますが、魂はとても自由です。時空を超えて好きなところへ瞬時に移動でき、また常に他の魂と交感することができます。考えたことは他の魂にも伝わりますので、嘘をつくことはできません。全ての思考はオープンで共有されます。つまり、全ての魂は繋がっているのです。一般に、この魂が持つ時空を超える能力や他者とテレパシーで交感する能力は、肉体と繋がっているうちは、つまり生きているうちは発揮されません。しかし非常に稀ですが、この種の能力を肉体と繋がっている状態で発揮する人がいます。この能力は、生まれつき備わっていたり、いわゆる修行によって得られたり、あるいは衝撃的な体験などで期せずしてもたらされたりするようですが、この能力を持つ人を霊能者と呼びます。霊力を備えた人という意味です。この能力と、人格の高さとは別の問題です。だから、霊能者が全て人格者とは限りません。私たちの本質が魂（霊）であるのなら、ではなぜ普通の私たちにはこの霊力がないのでしょう。それは、三次元の時空で生きる私たちにとって、霊力が無い方が学びが大きいからです。学びとは、もちろん魂の学びです。

皆さんは、以上の事実を非科学的と思うでしょうか。もちろん、これを科学的に証明するすべはありません。しかし、科学的方法で集められた多くの状況証拠はこの事実を示唆します。こう考えた方が、死後に人間の実体が消滅すると考えるよりも遥かに合理的なのです。

状況証拠は語る

例えば、臨死体験は世界中で見られるごくありふれた現象です。信頼できる私の友人も、若い時海岸で事故に遭い臨死体験をしました。事故後救急搬送された病院の部屋で自分の体を中空から見ており、周りの状況も見ていたと言います。面白いのは、見舞いに来た友人のジャケットが病室の外の椅子に置き忘れられていたのが見えて、それを看護師さんに伝えたと言うのです。看護師さんはそれを確かめた後、なぜ置き忘れたことを知っているのか、と彼に聞きました。彼が「空中から病室の外も見えた」と伝えると、腰を抜かすくらい驚いたそうです。この種の話は、世界中に数え切れないほどあります。これを妙な予断を持たずに普通に考えれば、やはり魂が身体から離れて周囲を見ていた、と解釈するのが妥当です。友人がそんな作り話をする理由は、どこにもありません。つまり肉体や脳とは別の所に、私たちの意識（魂）は存在するという事です。

また、催眠誘導による過去世退行現象は、これまた数限りなく報告されています。一般に退行催眠療法と呼ばれ、心理的、精神的な疾患の改善を目的として用いられます。この療法を簡単にいうと、ある種の催眠状態に導かれた人が自分の過去世を辿り疾患の原因となる過去の出来事を思い出すことにより、精神疾患が改善するケースが多々あるのです。過去世とは、つまり今生以外に過ごした過去の人生のことです。過去世など、俄《にわか》に信じられないかも知れません。それを「単に夢を見ていた」とか、「妄想を語っている」とする解釈もあり、実際にそのようなケースもあると思います。しかし、夢や妄想では決して理解できない事例も沢山報告されています。つまり、過去世の出来事として語られた内容が事実と一致するケースが数多くあるのです。しかも、語る本人が決して知ることのない事実を正確に語るケースです。例えば、自分が一度も行ったことのない外国の小さな町の過去の出来事を語り、それが史実と一致している。あるいは、一度も習ったことのない外国の言語や単語をしゃべり出す。過去世で出会った人物のことを語り、調べてみると、本当にその名前の人物がその時代のその地域に生きていた。などなど……。このような事実が記された書籍として、有名なところではベストセラーになったブライアン・L・ワイス博士の『前世療法』（PHP研究所）(1)がありますし、日本でもこれまたベストセラーである飯田史彦先生の『生きがいの創造』（PHP研究所）(2)などがあります。そして、この種の本や文献はこれ以外にも世界中に多数あります。これらの事例が示唆することは、人の魂が「生まれ変わっている」という事実です。

この話をすると必ず出る質問は、地球上の人口が増えているのだから人が生まれ変わるとしたら魂の数が足りなくなるのではないか、という指摘です。しかし、魂という存在は中間世（死後の世界：あの世）に地球の人口よりも遥かに数多く存在し、更に言えば、生まれ行く場所は地球とは限らないようです。地球以外の星などというと、荒唐無稽なバカバカしい妄想だと思うかも知れません。しかし、そのような先入観に囚われた発想こそ私たちの目を曇らせているのではないでしょうか。かつてコペルニクスやガリレオが出てくる以前は、天動説が常識でした。しかし地動説を受け容れた時、当時の天文学は飛躍的に進歩したのです。常識とは、アインシュタインが言うように「18歳までに集めた偏見のコレクション」なのかも知れません。

交霊の事例も世界中で数多く報告されています。交霊とは、霊媒者（降霊者）を介して死者の霊と生きている人間が会話をすることです。地域によって細かい方法は異なりますが、日本にもユタやイタコと言われる霊媒者が存在します。霊媒者を通して死者の霊がこちらの人間に語りかけるのですが、会話の内容には霊媒者が決して知りえない事実が含まれるケースがあるのです。東京大学名誉教授の矢作直樹先生も名著『人は死なない』（バジリコ）(3)の中で、ご自身の交霊体験を述べております。そこには矢作先生と亡くなったお母さまとの交信が書かれており、霊媒者を通して話しかける矢作先生のお母さまは、霊媒者が決して知り得ない矢作家の事情を語っています。

これらの事例の信憑性を、物的証拠をもって証明することはほぼ不可能です。従って、虚偽の内容が含まれている可能性も否定できません。しかし、それらの事例の全てを虚偽や創作と考えるのは逆に不合理です。彼らには、作り話をする理由が見当たらないからです。信頼できる人物が、敢えて嘘をつくとも思えないからです。そして、上述したように、多くの状況証拠はこれらの内容の確かさを示唆しているのです。以上の事実は、死後も私たちの意識（霊）が存在し、なおかつ多くの宗教が言うように、人が生まれ変わっている可能性を示唆するのです。

私がこのように書いても、「生まれ変わり」など絶対に信じられない、という人も多いことでしょう。しかし、そのような人達もおそらく霊や神など、見えない存在を無意識に信じているのです。そうでなければ、なぜ人が死ぬとお葬式をするのでしょうか。なぜ、お盆にはお墓参りをするのでしょうか。なぜ、神社仏閣では手を合わせ頭を下げるのでしょうか。民族や宗教を問わず、世界中の人々がほぼ同じことをします。それは、制度や習慣という側面からだけでは説明ができません。私たちはいくら頭では否定しても、目に見えない存在と共に日々を生きている。潜在意識は、それを知っているのです。

では、最初の問いに戻りたいと思います。人間は何のために生きるのか。この問いは、本書で考えたい一番重要なテーマです。もしかしたら答えは一つでは無く、人それぞれ違うのかも知れません。しかし、「様々な体験を積みながら自己の霊性を磨き高めること」これこそは、万人共通の課題だと思います。では、どうしたら自己の霊性を高めることができるのか。「霊性」を分かりやすく伝えつつ、以下、このテーマについて皆さんと共に考えたいと思います。

死とは何か

死とは何か　——医療の現場から——

人間は何のために生きるのか。その問いの答えは、もしかしたら「生きること」の反対、すなわち「死ぬこと」を考えると見えてくるのかも知れません。では、「死」とは何でしょうか。死とは悲しいことでしょうか。確かに、愛する人々と二度と会えなくなると考えれば悲しいことでしょう。しかし、本当に二度と会えないのでしょうか。老いとは辛いことでしょうか。確かに、人は歳を重ねるに連れ身体的な機能は低下し社会での生産性は低くなります。しかし、老いることはネガティブなことだけなのでしょうか。人間の価値とは、機能的な側面だけで語れるものでしょうか。

医学的な死の定義は別として、最近になって多くの医療関係者が人の死後にも存続する魂の永遠性について語り出しました。私の周りだけでも、東京大学名誉教授の矢作直樹先生(3)、育生会横浜病院院長の長堀優先生（4）、池川クリニック院長池川明先生（5）らが、著書の中で魂の永続性を語っています。この他にも、人の生死を見つめる多くの現場の医師たちが魂の永続性を語ります。医療の世界は、ＥＢＭ（evidence-based medicine）すなわち科学的根拠（エビデンス）に基づいた医療という考えが大前提にあるため、科学的データなど取りようのない「魂」の話などは本来ご法度の世界です。従って、現役の医師が魂の永続性を語るのは、場合によってはバッシングを受けかねない、とても勇気ある行動なのです。そんな危険を冒してまで医師たちが魂の永続性を語るのは、多くの人の誕生や臨終に接する中で、そう考えざるを得ない様々な体験をしているからのようです。

さて、矢作先生は『人は死なない』（バジリコ）の中で、「死とは肉体という着ぐるみを脱いで魂が自由になり、元いた世界に還ってゆくこと」と述べています。ベストセラーとなった『生きがいの創造』シリーズ（ＰＨＰ研究所）で有名な元福島大学教授の飯田史彦先生も、数多くの臨死体験や退行催眠によってもたらされたデータを分析し、同様の解釈をしています。飯田先生によれば、人間の本質は魂で、本来の居場所、つまり俗にいう「あの世」から肉体をまといこの世界を訪れ、人間として様々な障害や苦労、時には大きな愛や喜びやなどを体験し、それらの経験により自身の魂を成長させ、やがては元いた場所である平和と安らぎの地、「あの世」に戻ってゆくようです。「あの世」に戻る間際には、今回の人生をフラッシュバックのように追体験し、自身の行動に対する回顧や反省のプロセスがあるといいます。仮に大きな犯罪などに関わった場合には、悔恨の念と共にその行動を振り返ることになり、愛に満ちた利他の行いに関しては満ち足りた喜びと共に振り返るのだそうです。そして基本的に人は輪廻し、今生での振り返りを反省材料にして次の人生での課題を自分で決め、「この世」を再訪するというのです。本当にそんなドラマが待っているのでしょうか。しかしそう考えれば、死とはなんら不幸なことではありません。もちろん、これを科学的に証明することはできず仮説に過ぎませんが。しかし一方で、これを科学的に否定する根拠も無いのです。私は、この仮説を信じたいと思います。なぜならば、こう考えた方が合理的で、かつ生きやすいからです。仮に人間の本質は肉体や脳であり、死んだら全てが無に帰するのであれば、生きることの意味は極めて曖昧になります。死んで全てが無になるのであれば、人はどう生きようが、日本や世界がどうなろうが、それは大した問題ではなく、人は刹那的にその時々の快楽を求め、この人生を謳歌すれば良いことになります。生きることが苦しいなら簡単に死ねば良いことになります。たとえ凶悪な罪を犯しても、死んだら全てがご破算。その瞬間に、自分という存在もこの世界も無くなるわけですから、生前の思考や行動など何の意味も持たないわけです。仮に残された人々に影響を及ぼしたとしても、所詮彼らが死ぬまでの話です。死んで無に帰するなら大した問題ではない。従ってもしこれが真実だとすると、子孫のことまで視野に入れ、遠い先を見据えながら愛に満ちた人生を創造しようとする必要性も無くなると思うのです。逆に、仮に死後も魂は残って、あちらの世界で愛する夫や妻、子供たちや友人と再会できるとしたら、それは何と素晴らしいことでしょう。そのように考えると、高齢で旅立つ日がそう遠くないとしても、残された日々を安らかに過ごせるのではないでしょうか。死後の世界が安らかで愛に満ちた場所であるのなら、今の人生で多少辛いことがあったとしても、勇気をもって頑張れるのではないでしょうか。人は、未来に希望を持てれば、今が多少大変でも頑張れると思うのです。このように考えれば、年老いることは何ら不幸なことではなく、次の段階に羽ばたく瞬間が近づいただけのことと理解できるのです。

人が死んだ時、生きていた時のことを指して生前と言います。しかし考えてみれば、生きていた時を「生前」と表現するのは妙な話です。生前とは、生まれる前ですから。実はここには深い意味があります。ここでの「生まれる」とは、実は「あの世」に生まれ出ることを指しているのです。つまり、「あの世」こそ我々が生きる本来の場所であり、魂という姿こそが我々の本来の姿なのです。その事実を、人の死に際して何気なく使っているこの言葉は暗に教えているのです。

では霊性とは何でしょう。次に、この霊性について考えてみたいと思います。

霊性

霊性とは何でしょうか。近年、英語のスピリチュアリティという言葉をよく耳にしますが、これは日本語の霊性とほぼ同義です。このスピリチュアリティの定義や解釈をめぐって世界中の学者がそれぞれ独自の見解を述べていますが、現在のところ標準化された一つの答えはありません。しかし、これを研究する学者たちが共通して認める要素はあります。それは、概ね《おおむ》以下のような解釈です。すなわち、スピリチュアリティとは、色々な宗教が説明してきたエッセンスを体得することによって得られる価値観。言い換えると、多くの宗教が説明してきた宇宙の成り立ち、超越的存在（神）との繋がり、生きる上での規範などの共通部分を要約したもので、同時に宗教が持つ負の側面、すなわち他の宗教を否定したり、独自の観念体系や教義を強要したり、という拘束的な部分を取り除いたエッセンスを通して得られる価値観。そして、このエッセンスを体得することによって育まれる感性をスピリチュアルな感性とよびます。霊性もこれと同じです。従って霊性とは、人間が普遍的にもつ己の存在の意味や価値を問う行為や、人知を超えた大いなる存在を認識し、それに対し畏敬の念を抱くことなど、人間に備わった深遠な特質と捉えることができます。悠久の時を超えて繰り返される大自然の営みに畏怖を覚え、樹木や動植物、更には山や川や風などにまである種の神性を感じ取る。そんな営みも、霊性の顕われと見ることができるのです。もう少し分かり易く言えば、霊性とは、「誰が見ていなくても、お天道様が見ていることを感じる」「日々、生かされていること自体に感謝する」「年長者やご先祖さまを敬う」「自然をも含めた自他を一体のものとし、四季の移ろいに、ものの哀れを感じる」というようなセンスで、世界中の多くの先住民族がもっていた森羅万象や自然と調和して生きる価値観に裏付けられた感性のことなのです。そしてこの霊性こそは、人間の本質であるところの魂に備わる性質であり、私たち人間は、この霊性を磨くためにこの世に生まれてくるのです。

近年、この霊性（スピリチュアリティ）の重要性を志向する動きは世界的な潮流になっています。環境問題との関連で国連が報告するミレニアム生態系評価の中でもスピリチュアルな価値の重要性が謳われ、また世界保健機関（ＷＨＯ）でも健康との関連でスピリチュアリティの重要性が認識されています。自国第一主義が蔓延し国家間の分断傾向が助長される世界の現状を見れば、このような動きが起こるのは当然です。なぜならば、世界中の人々が本来の霊性に目覚めなければ、世界の調和は望めないからです。

個人が持つ霊性の高さは霊格と表現されます。霊格は当然ながら、今生の人格にも反映されます。しかし霊格は繰り返す幾多の輪廻の中で育まれたものであるのに対して、人格は今生の人生設計を遂行するために持って生まれた性質です。そして、今生で生まれ持った人格を磨くことが、ひいては霊格を高めることに繋がるわけです。すなわち、霊性を磨くということになります。霊格の高い人は、神道の示すところの「中今《なかいま》」に生きることができる人です。すなわち、過ぎ去った過去をクヨクヨ悔やまず、未来に思いを馳せながらも決して希望を失わない、そんなポジティブ思考を備えた人ということができます。凡人である私たちは、日々の出来事に一喜一憂することが多いのですが、そんなことを繰り返しながらも常に前を向き、「中今に生きる自分」を求めて今生を送ることが大切なのです。この「中今に生きること」を信条とし、物質的な繁栄だけを重要視せず「目に見えないものの価値」に思いを馳せることができる人、そして自分なりの信念、矜持をもち、謙虚である人。そんな人こそ、私は霊格の高い人だと考えます。日本を代表する童話作家にして詩人、宮沢賢治は正にそんな人でした。そして私の敬愛する写真家の星野道夫、彼もそんな人でした。このような人達に思いを馳せるとき、私たちは何とも言えない優しい気持ちになれるようです。

第二章　霊性と現代社会

霊性の喪失と現代社会

日本は豊かで住みやすい国でしょうか。私の研究領域である「ウエルネス」という観点から考えると少し疑問です。ウエルネスというのは、一言でいえば「如何により良く生きるか」を考える領域ですが、つまりは、日本という国は人々が生きがいを持ち生きいきと前向きに暮らしていける社会なのか、という疑問です。今の日本は、ある意味とても生きづらい社会のように私には見えるのです。確かに経済的な視点で見れば日本はとても豊かな国で、平均寿命や国内総生産は世界の上位に位置します。しかし豊かさとは、いったい何でしょうか。というのは、世相に目を向けると気持ちが暗くなるような事ばかり目に付きます。例えば、子供社会に見られるいじめの深刻化、陰湿化。青少年犯罪の凶悪化。ニートや引きこもり。世界的にも類を見ない自殺者の数。ヘイトスピーチの横行、などなど。これらの社会問題には、総じて人の「心の在り方」が関連していると言われています。専門家は、このような世相の背景を「蓄財に関わる欲望の充足、つまり物質的な価値観ばかりが優先された結果として、日本社会の生活水準は向上しつつある一方で、人々の生きる意味や目的意識が失われたのではないか」と分析しています。さらに、この生きる意味や目的の喪失はスピリチュアル・ペインと呼ばれ、霊性（スピリチュアリティ）の欠如がこれと深く関連することを指摘しているのです。確かに、今の日本の社会は、物質的生活水準はあるレベルに達しているものの、生きる方向を見出せない人々が沢山さ迷っているように見えます。面白いことに、今より生活が苦しかったはずの戦時中や戦後の高度成長期には、現在ほど多くの自殺者はいませんでした。それは何故か。答えは簡単で、日々を生きる目的が明確だったからです。生活が苦しいだけで人間はこの人生を放棄するのではなく、生きる目的、目標の喪失が絶望感を生み出すのです。戦時中は戦争に勝つこと。戦後の高度成長期には貧しかった日々の暮らしが豊かになること。これを目指して誰もが明確な生きる方針を持ち、苦しくても必死に働けば良かった。ところが現在、明日のパンを心配する必要は無くなり、生き方も価値観も自由で多様になりました。生き方が自由であること自体は素晴らしいことですが、自由であると言われた時には、自分で目標を定めないと何処を目指してよいか分からない。自由の持つ不自由さです。この「不自由さ」に戸惑う学生たちを、私は沢山見ます。自分の将来像を明確に描けず、悩む学生。そして焦りと共に、周囲の動向に急かされるように就職活動に入ってゆく学生。そこには、「生きがい」や「働きがい」は見えません。そんな彼らに一番欠けているのは、「自分の好きなことをやって行こう」という姿勢です。自分の得意とすることを、喜びと共にやって行こうとする姿勢です。実はこの「好きなことをやって行こう」という発想は、霊性とも深く関わります。霊性の概要は既に述べましたが、その重要な根幹は、過去を悔いたり未来を憂いたりすることなく、「中今」に生きるセンスです。この「中今に生きる」とは、自分の好きなことに没頭し集中している状態を意味しますが、この状態が学生のみならず現代人には足りないと思うのです。縄文の頃、豊かな霊性と共に人々は中今に生きていました。明日のことを心配せず、その日その日を精一杯生きていました。というよりも、所詮コントロールできない明日のことを心配しても、それは無意味だったのです。生活の基本は大自然を舞台にした狩猟採集ですから、大自然の営みや野生生物の動向は大まかな予測はできても、自分でコントロールすることは不可能だったのです。ところが弥生の時代になり、農耕の始まりと共に蓄財という概念が生まれると、人々は明日の生活を心配するようになりました。どれだけ溜め込めば明日は大丈夫か、次の夏は大丈夫か、秋は大丈夫か、冬は越せるのか……。どれだけ溜め込んでも、現状に「足るを知る」ことが無ければ結局安心には至らず際限が無いのです。これこそが私たち現代人の姿です。明日の安定を求めること自体は悪くないのですが、過度に物質的な蓄財を求めた結果、縄文人がもっていた霊性は失われていった。その結果、人々は常に未来を憂い、「今」に生きることが出来なくなったようです。これが、現代の学生の動向にも反映されています。彼らは生活の安定を最優先する価値観の下、本当に自分がやりたい仕事よりも、収入の多寡や安定性で職業を選ぶような風潮があるようです。もちろん、ある程度の収入は必要です。しかし安定や収入を求めるあまり、自分の「やりがい」や「生きがい」が蔑《ないがし》ろにされているように見えます。そこには、好きなことに没頭して時間を忘れるような生活を見出そうとする感性はありません。それで、果たして幸せなのでしょうか。少なくともウエルネスという観点からみると、それは幸せな生き方とは言えないのです。学生のみならず、本来の自分を十二分に生かし、日々喜びを感じながら生きている人がどれだけいるでしょうか。自分の生活に喜びや幸せを見出せない人は、他者を思いやることも難しいでしょう。だとすれば、それは健全な社会とは言えません。今私たちは自分の幸せのためにも社会全体のためにも、この霊性という価値観をもう一度見つめ直し、これを取り戻すべき時代を迎えているのではないでしょうか。

スピリチュアルな事象の捉え方

生まれ変わり、降霊現象、憑依、透視、テレパシー、ポルターガイスト、ミステリーサークル、超古代文明、ＵＦＯ……これらは本来無関係で別々な事象ですが、一般にこれらの目に見えない現象や理解不能な事象を一括りにして、日本では「スピリチュアル」という言葉で表現するようです。霊性を語るとき、これらスピリチュアルな現象、事象に関するテーマを避けて通ることはできません。なぜなら、それらの現象は霊性の一端と深く関わるからです。と同時に、それらのスピリチュアルな現象が「いかがわしい」と否定されることで、霊性全体が否定される傾向にあるからです。ここでは、一般によく知られている内外の代表的な霊的な現象や研究を紹介し、それらの信憑性について考えてみたいと思います。

スウェーデンボルグの千里眼

世界には、霊的現象を真摯に研究してきた歴史があります。それは、スピリチュアリズムと呼ばれる歴史です。この歴史を語るとき、18世紀に活躍したスウェーデン出身のエマヌエル・スウェーデンボルグを外すことはできません。スウェーデンボルグは医学を始めとする多くの自然科学分野で活躍した人であり、同時に神学者でもありました。彼が手掛けた職業はざっと数えただけで、発明家、植物学者、化学者、鉱石分析家、機械技師、音楽家、国会議員、言語学者、水路測量士、鉱山技師、編集者、詩人……と切りがなく、15世紀に活躍したレオナルド・ダ・ヴィンチのような稀代の天才だったことは間違いありません。このように彼の業績は非常に多岐にわたるのですが、ここではスピリチュアリズムに関わる部分のみを紹介したいと思います。なお、彼の霊性研究に関する膨大な研究成果、著作は現在でも大英博物館に保管されています。

スウェーデンボルグは、50歳を過ぎた頃からいくつかの神秘体験をするようになり、1745年、旅先のロンドンで決定的な霊的体験をします。それはイエス・キリストからの啓示で、

「人々に聖書の霊的内容を啓示するためにあなたを選びました」という内容でした。これ以降、彼は20年近く霊界との交流を重ね、その内容は『霊界日記』という書籍にまとめられ、日本でも広く読まれています。これとは別に、聖書を霊的に解釈し直したスウェーデンボルグの思想は『天界の秘義』という全8巻の大書にまとめられましたが、その思想を端的に表せば、「宗教はすべて生命に関わるものであり、宗教の生命は善を行なうことにある」ということになります。(6)

彼の思想に影響を受けた日本人は数多く、たとえば初代文部大臣の森有礼は、スウェーデンボルグの教説に従い、人々が互いに役立ち合う関係で成り立つ「機能的国家」の確立を目指しました。また、『日本的霊性』を著わし日本屈指の仏教学者とされる鈴木大拙も、スウェーデンボルグの影響を受け『天界と地獄』を邦訳し日本に紹介しています。他にも、スウェーデンボルグの影響を受けた邦人として、キリスト教思想家の内村鑑三や作家の夏目漱石を挙げることができます。

ところで、スウェーデンボルグに言及する時、必ず引き合いに出される「スウェーデンボルグの千里眼」という出来事があります。あらましは、こうです。1759年7月19日、スウェーデンボルグは旅先のロンドンから帰国の途上、スウェーデン西海岸の都市イェーテボりに立ち寄りました。友人、ウィリアム・カーステルの夕食会に招かれたのです。そこには、他にも十五人の客が招待されていました。ところが、食事中スウェーデンボルグは急に興奮し出し、顔面が蒼白となりました。そして、訝《いぶか》しがる客たちに向かって不安と焦りに満ちた様子で言ったのでした。「今、ストックホルムが大火災に見舞われている。」さらに続けて、一人の友人に向かって「あなたの家は灰になった。私の家も危ない」と叫んだのです。その後しばらく、彼は落ち着かない素振りで部屋を出入りしたのですが、夜8時頃もう一度外へ出て戻って来た彼は大声で言いました。「ありがたい。火は私の家から三軒手前で消えた」と。翌日、スウェーデンボルグは招かれてイェーテボリ市長と面会しています。その時に自分の見た火災の詳細を市長に語ったのですが、その話の内容は、火災現場の様子とぴったり一致していたのでした。

スウェーデンボルグと同世代に活躍した思想家に、『純粋理性批判』などを著した有名なイマヌエル・カントがいます。カントはスウェーデンボルグに対して非常に高い関心を持っており、当時ヨーロッパ中に知れ渡ったこの「千里眼」の話を聞くと、どうしてもその信憑性を確かめたくなりました。そして、自身の手で大掛かりな事実調査を始めたのでした。カントは、基本的にスウェーデンボルグの思想を批判的な眼差しで捉えていたのですが、調査結果はカントをして、「スウェーデンボルグの千里眼は、何よりも強力な証明力を持ち、およそ考えられる一切の疑念を一掃してしまうように思われる」と言わしめたのでした。(a)

スウェーデンボルグは自分が死ぬ日を予言し、その通りの日に亡くなっています。1772年3月29日、夫人と家政婦に看取られながら「ありがとう。神の祝福を祈る」と言い残して、静かに息を引き取ったのでした。

稀代の天才スウェーデンボルグの霊的体験や千里眼。これを皆さんは、どのように考えるでしょうか。現代科学の目では理解しがたいことですが、これらの出来事は紛れもない事実です。

フォックス家事件

スウェーデンボルグの没後約70年の時を経て、近代スピリチュアリズムを生み出すきっかけになる有名な事件が起きました。「フォックス家事件」です。この事件は、なぜ近代スピリチュアリズムの出発点と言われるのでしょうか。それは、生きている人間と他界した霊とのコンタクトが成立し、会話内容を検証した結果、具体的な証拠によってその正しさが証明されたことにあります。すなわち、他界した霊でなければ知りえない情報が語られ、それが正しいと確認されたのです。言い換えればこれは、死後も何らかの形でその人の意識は存在し続けることの証しとなるのです。それまでは、半信半疑で意識されていた霊魂という存在ですが、これにより論理的にその存在が示されたと理解できるのです。

事件のストーリーは有名で色々な文献に記されていますが、上手くまとめられているウェブサイト(b)から引用し加筆します。

米国ニューヨーク州ハイズヴィルに住むフォックス夫妻には、マーガレット（11歳）とケイト（9歳）という2人の娘がいました。いつの頃からか夫人と2人の娘は、夜になると不思議な物音やラップ音がすることに気が付き、さらには家具が勝手に動くことを目撃しました。1848年3月31日の晩、またいつものコツコツと窓を叩く音がします。この音にすっかり慣れてしまった下の娘ケイトが、パチンと指を鳴らして「お化けさん、真似をしてごらん」と言うと同じような音がするので、さらに鳴らす回数を指定すると同じ数だけ音が返ってきたのです。

娘たちは面白がって遊び始めたので、夫人が試しに、その場の誰にも答えられないような質問をしようと思いつき、「私の子供全員（前夫との子供も含めて）の年齢を上から順番にラップ音で答えてください」と言いました。すると即座にすべての子供の年齢が正確に返ってきました。そこで夫人は、「正しい答えをしていますが、あなたは人間ですか」と尋ねました。ラップ音はありません。「あなたは霊ですか。もしそうならラップ音を2回鳴らしてください」と言うと、即座にラップ音が2回鳴って家全体が振動しました。これに驚いた夫人が近所の人を呼び集めたので、大騒ぎになりました。その騒ぎの中、ドゥスラーという人が中心になって、アルファベットを早口で言って、霊に望みの箇所で音を鳴らしてもらうといったことを繰り返して、とうとう1つの通信文を獲得します。それによると、音を鳴らした霊は、5年前にこの家に泊まって住人のジョン・ベルという男に殺されたチャールズ・ロズマという名の行商人で、500ドル奪われ地下室に埋められた、ということです。それで翌日、皆で地下室を掘ったところ水が出ていったん作業を中止しましたが、その翌年の夏、水が引いたのでその場所を探して掘ると、本当に石灰や木炭とともに、少量の骨と毛髪と歯が出てきました。そして事件から半世紀後の事、通信の通り地下室の壁の間から男の遺体が発見されたのでした。

以上が事件のあらましです。この出来事は、当時一大センセーションを呼び起こし、全米はおろか外国にもその様子が伝えられました。その結果、多くの人々がこの家を訪れ、フォックス家は衆目に好奇の目に晒されるようになり、引っ越しせざるを得なくなりました。

フォックス家の事件は、姉妹がたまたま霊的な能力を備えていたこと、つまりは霊媒体質だったことによってもたらされました。というのは、引っ越し先でもこの姉妹は似たような霊からの通信を受けたのです。そしてこの事件以降、この種のコンタクトは特殊な霊的な能力を持つ者がいれば成立することが分かり、霊との交信や心霊現象を実験的に研究するという道が開かれたのでした。すなわち、交霊会という研究スタイルです。これこそが、フォックス家事件により近代スピリチュアリズムが生まれたとされる所以です。

フォックス家事件以来、スピリチュアリズムの波はアメリカ、イギリスを始めヨーロッパ各地に広がり、20世紀の中ごろまでノーベル賞級の科学者達や著名人も含め、多くの人達により真摯な研究が行われてきました。それと共に、この種の超常的な現象が市民権を得て公然と報告されるようになったのです。

以下、近代スピリチュアリズムの流れの中で特筆すべき事例を掻い摘んで紹介します。

近代スピリチュアリズムを彩る主な出来事

1854年、イギリス社会主義の父と呼ばれる、ロバート・オウエンが交霊会に参加して、スピリチュアリズムをみとめています。ロバート・オウエンは組合運動の先駆けを作った社会主義者で、当時その思想の影響は大きかったのです。

1862年、ホワイトハウスで、リンカーン大統領が交霊会を行いました。リンカーンは、交霊会を度々行っていますが、それによって得られた情報は、彼の思想に影響を与えたと考えられます。

1868年、スコットランドの著名な霊媒ダニエル・ダングラス・ホームが街路上で空中浮揚し、それを多くの人が目撃しています。当時の人は、これをどう見たのでしょうか。彼の示した超常現象を見た著名人は王室関係者を始め数多く、ホームは後に、後述するウィリアム・クルックス博士の研究対象ともなりました。

1874年、真空放電や陰極線の発見で有名なイギリスの著名な物理学者、ウィリアム・クルックス卿は、霊媒フローレンス・クックが持つ物質化霊現象の調査結果を発表し、これが事実であると認定しています。なんとフローレンス・クックは、自身の支配霊であるケーティ・キングという霊を物質化し女性として出現させたのです。

イギリスのウィリアム・ステイントン・モーゼスが、霊界からの受信による自動書記で『霊訓』を執筆し1883年にこれを出版しました。『霊訓』は、今でも読み継がれています。

1892年、フランスのシャルル・ロベール・リシェ博士が、多くの霊媒の心霊現象の調査（ミラノ調査）を行い、その結果、彼らには物質化の能力があることを確認しています。また肉体以外で人間を構成する要素の一つとされるエーテル体を物質化または視覚化する半物質を、ギリシア語の ecto（外の）と plasm（物質）を組み合わせて「エクトプラズム」と名付けました。なお博士は、アナフィラキシーの研究でノーベル生理学・医学賞を受賞し、アレルギーの父とも呼ばれています。

イギリスの作家であり医師でもあったアーサー・コナン・ドイル卿は、シャーロックホームズの著者として有名です。彼は後年、心霊主義の普及に心血を注ぎ、世界中で講演をしていますが、大ヒットしたシャーロックホームズシリーズの印税はほぼこの活動に費やされ25万ポンドものお金をつぎ込んだのです。心霊主義こそが世界を救うと考えた彼は、「スピリチュアリズムの聖パウロ」とも呼ばれました。

エドガー・ケイシーはアメリカの霊能者で、「眠れる予言者」と呼ばれました。日本でも比較的有名で、白鳥哲監督による映画『リーディング』は、現代にも通じるケイシーの功績、特に医療場面での偉業を伝えています。ケイシーは眠りにつくと、ある種のトランス状態に入ることができ、この状態の下アカシックレコード（宇宙誕生以来のあらゆる情報が蓄えられているという記録層）から多くの情報を引き出す能力がありました。この能力を使いケイシーは自分の妻を始め多くの難病を抱える患者を救ったのですが、これはリーディングと呼ばれていました。ケイシーの元々の職業は写真家で医学的な知識など本来無いのですが、専門的な医学用語を用いたその処方は適切で、当時の医者には思いも至らぬ方法で難病を抱える患者を救ったのです。そのリーディングの数は実に14000以上もあり、それらは現在でも米国のエドガー・ケイシー財団に保管されています。

モーリス・バーバネルを通じて人間界にメッセージを降ろし続けた「シルバーバーチ霊」の話は、とても有名です。シルバーバーチは、3000年以上も前にこの地上で生き天界に還ったとされる霊です。ある時シルバーバーチと名乗る霊が、モーリス・バーバネルに霊界からの通信を送ってきたのです。モーリス・バーバネルを霊媒役としたシルバーバーチからのメッセージの伝達は、実に60年以上の長きに渡って続き、それは『シルバーバーチの霊訓』

としてまとめられました。人間界や霊界の真理を語ったその霊言は広く世界で読み継がれ、現在でも人々に大きな示唆を与え続けています。

例えば、死に関してシルバーバーチは、次のように語っています。

死ぬということは決して悲劇ではありません。むしろ今その地上で生きていることこそ悲劇といっても良いくらいです。（中略）死ぬということは、肉体という牢獄に閉じこめられていた霊が自由になることです。（c）

以上、「スウェーデンボルグの千里眼」に始まり、フォックス家の事件、続いて興った近代スピリチュアリズムの歴史の中の著名な出来事を辿ってみました。全ては、検証可能な正式な記録として現存しています。ノーベル賞を受賞するような一流の科学者、アメリカ大統領、世界的な有名作家も関わったこれらの内容ですが、これを現代科学で説明できないからという理由で言下に否定できるのでしょうか。

日本のスピリチュアリズムの夜明け

日本にも、近代スピリチュアリズムの流れを汲む学者がいました。東京帝国大学（現東京大学）助教授の福来友吉《ふくらいともきち》は、当時千里眼を持ち、離れた場所のものが見えると言われた御船《みふね》千鶴子《ちづこ》と長尾郁子《ながおいくこ》の透視実験を行いました。1910年代、明治の終わりの頃です。それらの実験は、ある条件の下では成功したのですが、別の条件では上手く行きませんでした。これらの実験の成否は被検者のデリケートな心情にも左右されるため、その場に疑いの念が満ちると、上手く行かないことがあるのです。それでも、福来は人が持つこの種の能力は実在すると主張して、『透視と念写』を出版したため、当時の帝大（現東京大学）総長山川健次郎や、文科大学長上田萬年などの反感を買い帝大助教授の職を失しています。この学術界を巻き込んだ公開実験や真偽論争などの一連の騒動は、「千里眼事件」として知られています。

この千里眼事件、すなわち福来友吉が中心となり、御船千鶴子、長尾郁子の二人の協力を得て行った超能力の検証実験の顛末は以下のようなものです。

御船千鶴子に対しては、1910年、厳重に封印されたカードの文字を読み取る透視実験が行われました。この透視は、予備実験の段階では何度も成功しました。これを受け同年の9月14日に、当時の科学者やジャーナリストらを集めた公開実験が行なわれたのです。しかしその結果は、実験対象の鉛管のスリ替え事件によって、透視能力の真偽に対する答えを出せないまま終わりました。彼女は、透視実験を行う際に極限の精神統一が必要であったため、基本的に他人の同室を拒みました。精神を研ぎ澄ますためには、一人で行うことが必要だったのです。しかしこの態度に疑念が向けられ、度重なるマスコミのバッシングにあった千鶴子は非業の服毒自殺を遂げることになります。

その翌年（1911年）、福来は長尾郁子の念写実験に取り組んでいきます。念写とは、観念の力で乾板を感光させることです。つまり、念力で何かの文字や絵などを描くことです。福来の下で、念写実験は何度か成功しています。福来だけではなく京都帝国大学（現京都大学）の三浦恒助も長尾郁子の能力を認め、念写を引き起こす力を「京大光線」と命名しています。このような状況の下、1911年1月8日に後に帝大（東大）総長に再任される山川健次郎が主体となり、福来も参加する形で念写の実験が行われました。しかしこの実験に際し、帝大理学部から派遣された藤教篤が実験箱に乾板を入れ忘れるという大失態をおかすのです。そしてその時郁子は、実験装置に乾板が入っていないことを透視で見破りました。会場は騒然としましたが、山川がこの事態を謝罪し、なんとかその場を収めたのでした。そのような事情で実験は頓挫したのですが、事実とは全く違った情報が藤教篤らによって新聞社に持ち込まれ、大々的に実験の失敗が報じられました。そして、あろうことかこのような事実経過にも関わらず、マスコミは一度報じた内容を一切変えることはありませんでした。更に山川も、最終的には念写を否定する論陣に加わっていきました。しかし考えてみれば、この時郁子が乾板の不在を透視で見破ったこと自体、郁子の持つ超能力を示しています。そして、藤は本当に過失で乾板を入れ忘れたのか、あるいはそこに何か意図があったのか。今では確かめる術もありませんが、藤が念写に疑惑の眼差しを向け否定的に捉えていたのは事実です。そして実のところ、この8日の実験に先立って、郁子の家で1月4日と1月6日の2回、山川立会いの下で透視と念写の実験が行われていたのです。両方とも成功でした。4日には、箱に入れられた山川の書いた文字を透視で見事に読んでいます。また6日は、山川が持参した乾板に「正」の字を鮮明に念写しています。しかし、山川は念写になおも疑念を持ち、基本的に福来の実験には反対の立場を取っていたのでした。やがて、福来や郁子にはペテン師との非難が集まるようになりました。このような状況の下、郁子はインフルエンザから肺炎を患い、事件の2か月後には急逝しています。先の御船千鶴子同様、なんとも受け入れ難い不幸な結末でした。

以上が記録に残る事実です。実験の成否も含め、全ては厳密な記録に残された事実です。皆さんは、この一連の経過をどのように受け止めるでしょうか。

近代日本のスピリチュアリズムを語るうえで、もう一人忘れてはならない人物がいます。日本の心霊研究の父と呼ばれる浅野和三郎です。浅野は、１８９９年に東京帝国大学を卒業後、横須賀にある海軍機関学校の英語教官に赴任しました。ある時、三男の三郎が原因不明の熱病に罹り、多くの医者の治療では回復しなかったのですが、とある女行者の言葉に従ったところ全快したのです。それを契機に浅野は心霊研究に傾倒し、１９２３年に「心霊科学研究会」を創設しました。１９２８年には、ロンドンで開かれた第三回国際スピリチュアリスト会議（世界神霊大会）に先述の福来友吉と共に出席し、「近代日本における神霊主義」というテーマの講演をしています。さらにロンドンで降霊会を訪ね、パリ、ボストン等を歴訪し心霊関連の文献を多数日本に持ち帰りました。先の福来友吉と共に、黎明期の日本における霊性研究に尽力した人でした。二人のこれらの活動は決して平坦ではなく、苦難に満ちたものでした。しかし、これらの開拓者の尽力により、日本にもスピリチュアリズム研究の流れが根付いて行ったのです。

生まれ変わりの真実

スピリチュアルという表現で一括りにまとめられる事象の一つに、「生まれ変わり」があります。生まれ変わりに関する、日本の面白い話を紹介しましょう。勝五郎という人の話です。この物語に関しては、小泉八雲（ラフカディオ・ハーン）が随想集『仏の畠の落穂』のなかに、「勝五郎の転生」として書き記し海外の人にも認知される有名な事例となりました。事の顛末はウェブサイト：『勝五郎生まれ変わり物語』(d)に分かり易くまとめられています。このサイトを引用しながら、かいつまんであらましを辿ります。

文政5年（1822年）11月、中野村に住む8歳の勝五郎が、自分の前世は程久保《ほどくぼ》村の藤蔵《とうぞう》で、6歳の時に疱瘡（天然痘）で亡くなったと語りました。

話の内容は、以下のようなものです。

①藤蔵が死んだとき、魂が身体から抜けだして家に帰ったが、誰も気づかなかった。
②白い髭を生やし黒い着物を着たおじいさんに導かれ、あの世に行った。
③三年たったから生まれ変わるのだと言われて、中野村の柿の木のある家に連れて行かれた。
④竈の陰に隠れていると、父母が相談をしていた。それは、家計を助けるために母が江戸へ奉公に行くというものだった。
⑤藤蔵の魂は母の胎内に入り、文化12年（1815年）10月10日に勝五郎として生まれた。

勝五郎の生まれ変わりの話は、両親にとっては信じがたいものでしたが、母が江戸に奉公に行く相談をしていたという話は、自分達以外は知らないことだったので、勝五郎の語ることは本当かも知れないと思うようになりました。

そこで両親が程久保村のことを知っている人に聞いてみると、藤蔵の家は実在し、疱瘡で亡くなった子どもがいることも分かりました。

文政6年（1823年）1月20日、勝五郎は祖母にせがんで程久保村の藤蔵の家を訪ねることにしました。勝五郎は行ったことがないはずの程久保村の事をよく知っており、全く迷うことなくおばあさんを藤蔵の家に案内したのでした。藤蔵の家では、母しづと義父の半四郎がいて、勝五郎が亡くなった藤蔵によく似ているといって喜びました。また、勝五郎が初めてきたはずなのに家の中の事をよく知っており、向かいの「たばこや」の木は以前はなかったなどと言って、みんなを驚かせました。事実、その通りだったのです。勝五郎の言動を見て、しづと半四郎は勝五郎が藤蔵の生まれ変わりだと確信したのでした。この話は当時大きな話題になり、国学者の平田篤胤が本人の話を聞いて『勝五郎再生記聞』を著しています。

アメリカ、バージニア大学医学部精神科の主任教授イアン・スティーブンソン博士は「生まれ変わり」研究の世界的第一人者でした。彼は、世界中で報告されている多くの生まれ変わりに関わる事例を検討し、戸籍、地名、歴史的事実などの証拠と照合しながらそれの信憑性を慎重に検討しました。その結果、もちろん内容の信憑性が疑わしいものもあったのですが、少なくとも28の事例では「生まれ変わり証言」の内容が事実であると結論付けていま す。(7) そして、それらの事例の一つとして先に紹介した勝五郎の逸話も含まれていたのです。「生まれ変わり」に関しては、日本では先に紹介した胎内記憶の研究で著名な池川明先生や、中部大学教授の大門正幸先生が、真摯な研究を重ねています。それらの研究は、中間世(あの世)の記憶や過去世の記憶を辿ったものですが、そこでは、生まれ変わりの事実を示唆する多くの成果が得られています。「生まれ変わり」は、世界中の学者の真摯な研究対象でもあるのです。

洗脳からの解放

読者の皆さんの中には、本書で初めてこれらの事例を知った人がいるかも知れませんが、ここで採り上げたいくつかの事例は、スピリチュアリズムに興味がある人ならよく知っている非常に有名な出来事です。要はここで言いたいことは、この種の現代科学では理解不能な現象が実際にある、という事です。もしかしたら、これらの事例の中に虚偽の内容や不確かな事柄が含まれているのかも知れません。しかし、皆さんはこれらの事例の全てを否定するでしょうか。その場合、否定する根拠はなんでしょうか。実体験が無いからでしょうか。でも、実体験が無くても信じていることは沢山あるはずです。地球が丸いこと、実は物凄い速度で回っていること、そんなこと実体験として誰も体感することはできません。でも、信じています。それは理屈で考えると、その方が合理的だからです。これらの事例も、理屈で考えれば、「ある」と考えた方が合理的なのです。そして、仮に100の内99が嘘でも、一つでも本当があるのなら、それは紛れもなく「ある」ということになります。

もう一つ、私たちが地球が回っていると信じる理由は、そのように習ったからです。つまり教育の問題です。科学で解明されたことだけが真実で、それ以外は否定するような雰囲気が学校だけに限らず家庭も含め、今の日本の教育界にはあります。昔はどの家庭でも普通に使っていた「誰も見ていなくても、お天道様が見ている」というフレーズは子供の情操教育にはとても大切なのですが、今では死語のようです。科学的ではないからです。つまり、私たちは科学的ではないという理由で多くの大切なものを見失ったように思えるのです。科学によるある種の洗脳を受けている、と言ってよいのかも知れません。先に紹介したブライアン・L・ワイス博士の以下の言葉は、実に象徴的です。

歴史を振り返ってみても、人々は変化や新しい考え方に対して、いつも大きな抵抗を示してきた。そのような例は枚挙にいとまがない。ガリレオが木星の月を発見した時、当時の天文学者達は、それを受け入れようとしないばかりか、衛星を目で見て確かめようともしなかった。木星の月の存在は、自分達が信じている説と矛盾していたからだ。現在もそれと同じことが起こっている。精神科医やセラピスト達は、肉体が死んでも魂は生き続けるということや、過去生の記憶などについての数多くの証拠を調査することはおろか、評価することさえも否定している。彼らはしっかりと目を閉じているのだ。

令和の世を迎えた今、私たちは冷静にそこにある現象を捉え、「スピリチュアル＝いかがわしい」という洗脳を解く時期ではないでしょうか。余談になりますが、米国国防総省は、昨年（2020年）、海軍機パイロットが撮影したUFO映像3本を公開しています。もう時代はそこまで来ているのです。

かつて人々は、ここに記されたような霊的な能力を誰もが持っていたのかも知れません。遠く縄文時代、あるいは更に昔のレムリアの時代。しかし科学技術の進歩と共に、人はそれらの力を忘れていった。ところが、何かの理由で未だにその能力を宿している人がいる。何かの偶然でその能力が備わってしまった人がいる。私たち現代人に、大切な何かを教えるために。そう考えるのは、私の妄想でしょうか。

科学はなぜ霊性を否定するのか

霊性に関わる話題やスピリチュアルという言葉で括《くく》られる様々な事象に接する時、多くの人々はそれを「非科学的だ」という理由で否定するようです。つまりは、「科学」というスタンスに立つと、「霊性」や「スピリチュアル」は否定されるようなのです。なぜ科学は霊性を否定するのでしょうか。あるいは、否定などしていないのでしょうか。ここでは、歴史的な背景を参照しながら、科学と霊性の関係について考えてみたいと思います。ところで、ここで言う霊性には本来の意味の他、スピリチュアルな事象や宗教的営為など様々な意味が含まれます。従ってここでは、霊性の象徴として宗教を採り上げ、近代科学の源が萌芽したとされる中世ヨーロッパ以降のキリスト教と科学との関係を見て行きたいと思います。

科学とキリスト教

中世ヨーロッパでは、科学が探究の対象とした森羅万象は神によって創られたものと考えられていました。従って、この神によって創られた森羅万象に対する科学的な探求は神へのアプローチの一つと考えられ、神に繋がる宗教的営為とみなされていたのです。また、12世紀のヨーロッパ各地に建てられた大学はキリスト教の修道会によって建てられたため、どの大学においても神学は大学における教育の柱でした。そしてこのシステムは、近代に至るまで続いたのです。神学が大学教育の中心であったということは、知の枠組みの中心に神が位置づけられていたことに他なりません。(8) つまり、この頃科学的な営みと宗教はほぼ不可分のものだったのです。

因みに、当時の宇宙観はアリストテレスの思想だったわけですが、この思想において地球は土、水、空気、火の4つの元素で構成され、天界は宇宙の中心である地球の周りを円運動すると考えられていました。そして、天界は生成も消滅もなく全く変化しないものと考えられ、天界のさらに外側（上）には神々が住む場所があると信じられていました。また、当時のキリスト教世界の思想には、自然や宇宙の謎に迫る行為を蔑む精神がありました。

　我々の知るところの科学が台頭したのは一般的に16世紀のヨーロッパとされていますが、当時の常識である宗教的発想に縛られない自然界の見方、つまり科学的視点が生まれれば、教会との間に見解の齟齬が生まれるのは必然です。後に科学革命と呼ばれたコペルニクスやガリレオに代表される新たな自然界へのアプローチは、当時のキリスト教的常識と真っ向から対立することになったのです。このような科学の台頭の背景には、「大航海時代」と呼ばれる時代の変化が大きく影響したと考えられます。遠洋航海による未知の土地、未知の文化、未知の動植物などの発見は、それまでの常識の外に、自分たちの知らない何かが存在することを人々に知らしめ、これが人々の発想に大きな転換をもたらしたのです。

　科学が宗教と対立した典型的な事例として、コペルニクスが地動説（太陽中心説）を提示し、これをガリレオが支持したことはよく知られています。地動説を巡っての科学とキリスト教の対立の焦点は聖書解釈の在り方であって、学説自体ではなかったとする意見もあるようです。しかしいずれにしても、それまでの宗教的常識と大きく異なる意見を科学が提示したのは間違いありません。この対立こそが、科学と宗教の最初の対立として捉えられる所以です。

ガリレオ裁判

ガリレオは自作の天体望遠鏡を用いて天体を観察した結果、当時の天文学の前提とは異なるいくつかの事実を発見するのですが、その中には地動説を支持する根拠となる発見もありました。例えば、太陽の黒点観察から太陽自体が自転していること、そして木星には4つの衛星があり、それらの星は木星の周りを公転していること、などです。「小さな星が大きな星の周りを回る」という事実は、地球よりも大きいはずの太陽が地球の周りを回るとする当時の常識と相容れないものでした。そしてガリレオは、直感的にコペルニクスの地動説（太陽中心説）の正しさを理解したのです。

ガリレオは、コペルニクスの地動説を支持したことにより1633年の裁判でカトリック教会から「異端」との審判を下され有罪になりました。そして真偽のほどは分かりませんが、裁判の席で地動説を捨てることを宣誓させられたガリレオが、宣誓の言葉に続いて「それでも地球は回っている」と叫んだという逸話は有名です。本当に叫んだかどうかは別にして、そのように心の中で思ったのは間違いないことでしょう。この事実は、当時まだ科学がキリスト教との整合を求められたことを示しています。その後宗教改革などを経て、カトリック教会の権威低下などもあり、科学はキリスト教の支配下から独立して行きます。科学によりもたらされた知見が、キリスト教が説く教義よりも、より自然界の実態に即していることに多くの人たちが気付き始めたのです。

ダーウィンの進化論

科学と宗教の対立を想起させるもう一つの事例は、19世紀に提示されたチャールズ・ダーウィンの進化論を巡っての議論です。ダーウィンは、１８５９年に『種の起源』を著わし、生物の進化を「自然淘汰」と「適者生存」で説明しています。一方キリスト教では神が天地を創造し、アダムとイブを造り人間がこの世に生まれたとしています。ダーウィンの学説では、人間は神の創造物ではなく多くの偶然と生存競争の結果生み出されたことになり、キリスト教の考えとは相容れないのです。この進化論を巡っての議論は、実は現在でも続いています。論理性という立場に立てば、ダーウィンの進化論の方に分があるのかも知れませんが、確率という側面から見てみると進化論には非現実的な点があるようです。つまり進化論が説くように、単細胞が自然淘汰と適者生存を経て現在の人間に至る確率はほぼゼロに近く、更に遺伝子学上100億年の歳月が必要だというのです。地球の年齢は46億年と言われてますから、これは地球の年齢を遥かに超えます。因みに、日本の遺伝子研究の権威である筑波大学名誉教授の村上和雄先生は、進化生物学者の木村資生氏の言葉を紹介して、1個の生命細胞が生まれる確率は、1億円の宝くじに100万回連続当たるようなものだと述べています。(e) つまり現実的な側面に立つと、進化論にも無理があるのです。

以上、ごく大雑把に科学と宗教の対立の歴史を概観しましたが、これはあくまでもヨーロッパを舞台にした歴史であり、これを全世界に敷衍《ふえん》することには少し無理があるのかも知れません。ただ、一般に言われる科学と宗教の対立の典型的なモデル（事例）はここにあると思われます。

科学はなぜ霊性を否定するのか

　では最初の問いに戻りますが、科学はなぜ霊性を否定するのでしょうか。あるいは否定などしてないのでしょうか。まずガリレオ裁判におけるキリスト教の振る舞いには宗教の未熟な部分、そして教義と異なる考えを許容しない排他性が見て取れます。ここに科学が霊性を否定する一つの理由があるでしょう。霊性は真実を歪曲する、と科学の立場は考えるのです。ただここで考慮すべきは、「宗教」イコール「霊性」ではないという点です。霊性とは既に記しましたが、多くの宗教が共通して持つエッセンスと関連付けられるものです。宗教はあくまでも人間の営みですから、歴史的変遷や権力争いなど教団の維持に関わる様々な要素が加わり、真理に覚醒した教祖の教えをどれだけ忠実にその教義に反映しているのか、という点には疑問が残るのです。

　一方科学の側はどうかというと、進化論の議論にみられるように未熟な要素を抱えています。当然といえば当然で、科学は日々進歩しているわけですから、科学がもたらす真理とはその時点で分かっている真理に過ぎないわけです。宇宙の誕生をビッグバン理論で説明しますが、では「なぜビッグバンが起こったのか」という根源的な問いに科学は答えることができません。ビッグバン以前に何が存在したのか、あるいは何も存在しなかったのか。何も存在しなかったとすれば、なぜ「無」からビッグバンが発生したのか。このような問いには一切答えられないのです。

さて、これまで対極的な立場にあると考えられてきた科学と霊性ですが、量子論の台頭によりその関係は見直されつつあります。これまで科学の絶対的な基盤として考えられてきたデカルト由来の心身二元論が、最先端科学である量子論の知見により揺らぎ始めました。専門的になるので詳細は省きますが、例えば「気持ち」や「意志」のようなものが対象となる物質の状態（振る舞い）に直接影響し得ることが確認されたのです。つまり、これまでまったく別次元の存在であると考えられていた物質と精神が、実は密接に関連していることが分かってきたのです。これを少し敷衍して捉えれば、古来東洋哲学の仏教、ヒンズー教、道教などが説く「精神と物質は区別できるものではなく、万物は一体でお互いに影響を及ぼす」という基本的思想を科学が追認したとも見て取れます。この状況について、矢作直樹東京大学名誉教授は、その著『人は死なない』（バジリコ）の中で次のように述べています。(3)

このように、古代ギリシャ哲学や東洋の宗教思想において直観的に理解されていた万物の合一性という概念は、二〇世紀の量子力学発展により科学的なアプローチがなされるようになってきました。ここまで科学と宗教が重なってきたのは、驚くべきことです。

　ここに来て、科学と宗教は同じことを言い出したように見えるのです。しかし考えてみれば当然で、宗教は覚醒した聖者により宇宙の真理が説かれたもので、一方科学は再現性やエビデンスを求めながらも、やはり森羅万象の真理に近づこうとする営みです。同じものを探して、同じものを見つければ、同じことを語るのは当然なのです。ところが現在の科学の振る舞いは、かなり権威的で威圧的なように私には思えます。まるで科学こそが全能で、そこで得られた知見のみが真実であるような態度が「科学的」というスタンスに立つ人々に見て取れるのです。しかし科学にしても、所詮人の営みという観点に立てば、その成立過程や運用において宗教的思想の影響を受けないということは有り得ません。ビッグバン理論の提唱者であるジョルジュ・ルメートルがカトリックの司祭であったことを考えても、それは明白です。そして科学が、「何もないところにビッグバンが起こってこの宇宙が始まった」、と説明するのと、ユダヤ教、キリスト教の正典、旧約聖書が創世記で、「初めに、光あれ、という言葉からこの宇宙が始まった」と説明するのは、何か同じことを言っているように思えるのです。それなのに、科学は時に霊性を強く否定します。UFO、テレパシー、心霊現象、生まれ変わり、超古代文明……これらがそのまま霊性ではないとしても、現代科学で上手く説明できないものは、全て嘘であるというような姿勢を時折見せます。これこそは、かつてキリスト教がガリレオを有罪と断じた行為とまったく同じことなのです。

科学が霊性を否定するもう一つの理由として、自分たちが構築してきた概念が直感（霊性）によって得られた真理により覆されることを恐れるからだと、私は考えます。例えば、仮に「人は生まれ変わる」という立場に立てば、現代科学のパラダイムは大幅な変更を余儀なくされます。しかし科学は常に発展途上ですから、時と共に既成の概念が塗り替えられるのは必然です。ところが、自分が依って立つ理論が否定されるのは科学の立場に立つ人にとっては死活問題ですから、やはり認めたくはないわけです。ガリレオ裁判におけるキリスト教と同じ轍を、今度は科学が踏むわけです。科学は霊性を前にして、もう少し謙虚であるべきです。自分たちが発展途上にあり、未熟であることを認識すべきなのです。地球を一つの生命体としたガイア理論で有名な、ジェームズ・ラブロック博士が面白いことを言っています。

「失敗を恐れずに挑戦し、実験する。しかし、失敗に気付いた時、その失敗からこそ最も貴重なものを学び、自らの考え方を修正する。その時、自分に勇気を与えてくれるのが、生命という計り知れない神秘と美しさに満ちた仕組みに対する畏怖の想いだ。それは、後天的に獲得した知識の産物というより、自分の生命そのものが根源的に持っている〝直感〟のようなものだ。新しい時代の科学的叡智は、この無意識のレベルの〝直感〟から生まれてくる。〝直感〟として理解したことをまず三年間かけて自分自身に科学的に説明し、それから同志達に五年間かけて説明する。それが私の科学者としての生き方だ」(9)

科学的な叡智というのは、直感によってもたらされる。言い換えれば、それは科学の範疇と言うよりも、むしろ直感という霊性の範疇から「科学的な叡智」が生み出されるというのです。もちろん、霊性がいつも真理を言い当てているなどと言うつもりはありません。しかし、科学にはもう少しだけ、霊性の言い分に耳を傾け、自分たちの真理を絶対視しない謙虚な姿勢が必要ではないでしょうか。

蛇足かも知れませんが、ここで一つお断りしておきます。科学が現代人にとってとても重要だという点は、議論の余地すらありません。私自身、科学技術の恩恵をどれだけ受けているることか。これを否定したら、私たちの日常生活は成り立ちません。お分かりかと思いますが、この章で擬人化し「科学」とした部分は、科学を絶対視する「人間」のことで、科学自体ではありません。時に霊性と対立するのは、もちろん科学そのものではなく、発展途上の科学を全能と勘違いした人間です。科学は、これからも私たち人間と共に真理に近づこうとする営みを続けるのだと思います。

第三章　霊性の発信

立教大学からの発信

立教大学という場を借りて、同時に大学教授というポジションを借りて、これまで色々なメッセージを社会に発信してきました。良し悪しは別として、日本社会にあって大学という場はやはりある種権威の場であって、同じ内容でもそこでの発言には重みと信頼性が付与されるような気がします。逆に言えば、それだけ発言の責任が問われるということです。私自身が霊性の重要性に目覚めてからは、直接、あるいは間接的に霊性（スピリチュアリティ）に関わる講演やシンポジウムを多数開催してきました。そこでの発言や議論は霊性の本質を考える上でとても重要であり、貴重な記録です。ここでは、そのいくつかをご紹介したいと思います。

教育とスピリチュアリティ

２００９年に立教大学ウエルネス研究所の主催で、『教育とスピリチュアリティ』と題したシンポジウムを開催しました。シンポジストは、以下の５名でした。

飯田史彦先生。本書でも何度も言及していますが、「生きがい論」の提唱者で元福島大学教授。ご著書『生きがいの創造』シリーズは累計２００万部を超える大ベストセラーです。

カール・ベッカー教授。京都大学こころの未来研究センター教授で、生命倫理やスピリチュアル・ケアなどを専門としています。日本におけるスピリチュアリティ研究の第一人者です。

上田亜樹子チャプレン。立教大学チャプレンで、キリスト教教育を実践しております。

立教大学　池袋キャンパス

大石和男教授。立教大学コミュニティ福祉学部教授で健康心理学を専門とし、飯田先生の「生きがい論」等を用いてスピリチュアリティ教育を実践しています。

これに、私濁川を含めた5名でした。なお、所属やポジションは当時のものです。

ここでは、5名の演者がそれぞれ「スピリチュアリティ」に関する短い提言を行い、その後「教育とスピリチュアリティ」というテーマで議論を深めました。

議論の内容をごく簡単にまとめると、以下のようになります。

日本において、教育からスピリチュアルな部分が欠落していることが多くの社会問題を引き起こしているが、教育界は宗教教育との混同を恐れ、スピリチュアリティの導入に躊躇してきた歴史がある。今後は、スピリチュアルな価値観を社会全体で醸成する必要がある。そのためのツールは色々考えられるが、自然を舞台にしての教育や飯田の『生きがい論』は有効に働く可能性がある。(10)

このように議論の内容を今振り返ってみると、ごく当然のことしか述べてないのですが、当時大学の場でこのような議論をするのは、それなりに勇気のいることでした。なおこのシンポジウムでは、「スピリチュアリティ」という表現を使っていますが、これは、ほぼ「霊性」という言葉で置き換えて良いと思います。

このシンポジウムの目玉は、何といっても飯田史彦先生の存在でした。飯田先生は当時『生きがいの創造』シリーズが売れ、多くの場所でご講演をなさっていたのですが、非論争主義を貫き、この種の議論には参加しないというスタンスでした。ただここに至るまでの数年間、私は飯田先生との共同研究プロジェクトに参加しており、これ以外にも飯田先生とは個人的にも懇意にさせて頂いた経緯があり、何とか説得して、このシンポジウムに参加して頂けたのでした。その辺の事情をシンポジウムの席上で、先生は次のように語られています。

私は非論争主義ということでこれまできたので、人前で「生きがい論」について議論したことは一度もないのです。十数年間、誰とも議論をしませんでした。しかし今日は、私が本当に尊敬できるメンバーがそろって下さったということでここに参加したのですが、議論は最初で最後かと思っています。さて、このようなシンポジウムの場に出ましたので、ここに出て非論争主義とはいきません。本日は、珍しく自分の意見をはっきり申し上げたいと思っております。(10)

飯田先生は、人前で『生きがい論』について議論するのは、これが最初で最後だと言われました。その意味でも、このシンポジウムでの発言はとても貴重なものでした。

飯田先生がスピリチュアルなカウンセリングをすることの目的は単純明快で、目の前の困っている人を救うことです。純粋に、ただそれだけなのです。しかし面談方式のカウンセリングでは救える人数には限界があるので、名著『生きがいの創造』を書いた訳です。このシンポジウムの席上でも、次のように述べていました。

> 私はまさに、この種の概念論議で自分の時間を費やすぐらいであれば、一人でも目の前にいる人を救いたいというので大学教員を辞

シンポジウム「教育とスピリチュアリティ」（2009年）
左から、大石和男氏、カール・ベッカー氏、
飯田史彦氏、上田亜樹子氏

めました。従って、この場にいること自体が浮きまくっていると思っていました。このような議論の暇があったら、病院に行って、スピリチュアルカウンセリングをしたいと思っているというのが本音です。(10)

このシンポジウムでの飯田先生のご発言で特に印象に残っているのは、如何にして悩める人を救うか、を議論している時の以下のくだりです。ここで先生は、敢えてご自身の失敗例を持ち出して、「方法は何でも良い。とにかく目の前の悩める人を救うことが大切なんだ」と強調されました。ご自身の提唱する『生きがい論』の有効性を主張するのではなく、時にご自身の『生きがいの創造』シリーズに否定的な立場を取るキリスト教の成功例を挙げ、「救えるなら何でもよい」と言うのです。ここに飯田先生の神髄をみることができます。少し長いですが、その時の発言をそのまま引用します。

私の目的ははっきりしていて、人を救えるかどうか、これのみなので、ここに区別を付けることに、あまり意味を感じていないのです。救えることさえできれば、どちらでも結構です。(中略)いかに救うか、ということだけなのですね。

ただ、それに関して、分かりやすい事例を一つ挙げますと、これまで長年にわたってたくさんのカウンセリングを行ってきましたが、「生きがい論」で説明しきれず、私自身が行き詰まってしまった事例が一つだけあるのです。正直に公開します。

それは、「生きがい論」の前提は、「すべての現象には意味があって、学びである」という前提なのです。けれども、あるお母さんから「私の子供が深刻な知的障害を持って生まれてきて、育っている。飯田先生の本を読むと、それも意味があって、本人にとっても学びだし、それによって私たち家族も色々なことを学ばなければならない。そこまでは良かったのです」とおっしゃったのです。

次に何が出てきたのかというと、二人目の子どもも、同じ障害を持って生まれてきた。今、同じ障害を持つ子どもを二人育てていて大変な日々を送っている。「なぜ二人も必要だったのですか。学びであれば一人で十分じゃないですか」と言われたときに、私は何千件も相談を受けてきましたが、初めて行き詰まってしまったのです。その後、その方と何度かやりとりしました。実は立教大学だからこそこの話をしますが、その方はその後キリスト教に入信されて救われたのです。私にできなかったことを、キリスト教がやられたわけです。

なぜ救われたかというと、私の本を読んでいるうちは、「なぜ、なぜ」とおっしゃっていたのですが、なぜと考えても分からないこともあるのです。そこまで行ってしまうと、全く説明できない。ですから、とにかくひたすら神を信じて祈る。それしか残っていない。そういう信仰の生活に入ることによって、彼女は救われたわけです。

ではなぜ信仰に救われたかというと、信仰はなぜという疑問に対して全く説明をしていないからです。結局、神は沈黙しているわけです。私に聞かれると、私は一生懸命、何とかしてあげたいと頑張って説明しようと努力しますが、神は沈黙しているわけです。遠藤周作さんも『沈黙』という素晴らしい本を書いていますが、沈黙する、つまり余計なことを一切言わないから、神が最も安心だったという。

そういう意味で、何であれ、その人を救うさまざまな方法があると、私は捉えています。ですから、あまり区別をするところに価値を感じていないのです。(10)

『沈黙する神』こそが時に説得力を持つ、と先生は言われます。私たちはついつい理屈を求め「なぜ、なぜ」と頭で納得しようとするのですが、ストンと腑に落ちる時というのは、理屈ではなく、人間の霊性に無言で訴える何かがその人の魂と共鳴する時なのかも知れません。人の心というのは実に深遠なものです。

カール・ベッカー教授は、前世記憶、臨死体験、ポルターガイストなどの存在を明言し、実際に蝋燭《ろうそく》の炎を用いたポルターガイストの映像を見せてくれました。密閉されて空気の動きが全く無い空間で蝋燭の炎が揺れるのです。ただ彼は、ポルターガイストというのはこちらの望み通りに出てきてくれる訳ではないので、実験対象としての証明は難しいとも述べていました。

上田チャプレンは、『スピリチュアル』が持つ危険性に関して実に貴重な発言をされています。すなわち、我々がスピリチュアルに救いを求める時、前提として「人として自立している」ことが求められる、と言うのです。というのは、スピリチュアルな救いを謳うカルト教団などは、「依存と支配」をセットにして我々を取り込むからです。確かに、大きな力に依存し、そこに全てを委ねるのは楽なことかも知れません。しかし、そこには自律と批判的眼差しが必要です。説かれる教義を、別の側面から一度疑ってみることの重要性です。自立した人間として、その組織の本質を見抜く、あるいは感じ取る感性が必要であり、それこそは私たちの霊性に根差した直感が試される場面なのでしょう。

大石教授は、私にとっては大の恩人です。『生きがいの創造』（ＰＨＰ研究所）(2)という本を私に紹介して下さり飯田先生とのご縁をつないでくれたのは、当時専修大学にいらした大石先生でした。冒頭に紹介した飯田先生との共同研究プロジェクトを主導されたのも大石先生で、私を霊性研究の道に導いてくれた存在です。因みにそのプロジェクトの研究成果は関連学会で報告され、飯田先生の『生きがいの教室』（ＰＨＰ研究所）(11)に詳しく記されています。大石先生は自らスピリチュアルな体験をお持ちですが、先生が受けられたとある退行催眠のセッションでは、過去世において私（濁川）が登場し、当時から深い交流があったそうです。私にとって先生は、正にソウルメイトというべき存在なのです。この席上で大石先生は、教育界がスピリチュアリティを排除してきた経緯を説明して下さり、そのうえで、スピリチュアリティは人間の本質と関わるので、教育においてこれが欠如することが多くの社会問題の根幹になっている、と指摘されました。心に響く貴重なお話でした。

3・11を超えて：――僕らはどこを目指すべきか――

２０１１年3月11日に発生した東日本大震災は、地震や津波もさることながら炉心溶融という悲惨な原発事故を引き起こし、日本のみならず世界に甚大な影響を与えました。飯田先生の教えなどもあり、当時私は「全ての出来事は必然で、そこには深い意味と価値がある」という考えも持っていました。しかし東北地方全体を襲うあの凄惨な光景を目にして、しばし言葉を失いました。そして、先に述べた自分の想いは揺らぐのでした。この出来事にいったい何の意味があるのか、と。何の価値を見出せというのか、と。

この年の10月、この出来事の意味を問おうと思い、飯田先生に「東日本大震災が意味するもの――スピリチュアルな価値観からの考察」というテーマでご講演を頂きました。余談になりますが、この頃飯田先生は東北の被災地で成仏できないでいる魂たちを慰め、天に上るお手伝いをしていたようで

公開講演会・映画上映会
3.11を超えて：
― 僕らはどこを目指すべきか ―
龍村仁×矢作直樹×濁川孝志
2012年 12月 2日（日）
立教大学 池袋キャンパス 8号館 8101教室
申込不要・参加費無料
講師
龍村 仁（映画監督：地球交響曲ほか）
矢作 直樹（東京大学医学部教授：『人は死なない』著者）
濁川 孝志（立教大学）
スケジュール
12:30～　映画上映会「ガイアシンフォニー第5番」
14:45～　講演「3.11から何を学ぶか」
16:30～　討論「3.11を超えて：― 僕らはどこを目指すべきか ―」
【お問い合わせ】　濁川 孝志　e-mail:

す。あくまでも私の憶測で確証はありませんが、多分間違いないと思います。飯田先生のお話を伺い、先の問いに対するおぼろげながら答えを得たのですが、完全には納得できません。そこで、翌年の２０１２年にもやはり３・11と関連するシンポジウムを開催しました。タイトルは、「３・11を超えて：――僕らはどこを目指すべきか――」というもので、講演を依頼したのは、映画『地球交響曲』でスピリチュアルなメッセージを発信していた龍村仁監督。もう一人は、当時『人は死なない』（バジリコ）[3]を出版し、人生の意味や生死の意味、人の生き方などに言及されていた東大医学部教授の矢作直樹先生でした。このシンポジウムには日本各地から３００名を超える人たちが参加してくれました。当時

シンポジウム「3.11 を超えて：― 僕らはどこを目指すべきか ―」（2012年）

多くの人達が私と同じ問いを抱え、その答えを求めていたのです。つまり多くの日本国民が、この出来事の意味を自分なりに解釈し、それを受け止めるプロセスを求めていたのです。それなしでは、次の一歩が踏み出せない状態だったのだと思います。

飯田先生、龍村仁監督、そして矢作直樹先生のお話を伺い、自分の中で答え合わせができました。やはり、3・11には深い意味があったのです。

それは、日本が選ばれたということ。東北地方は、選ばれたということです。なぜ選ばれたのか。答えは、それを乗り越える力があったからです。このガイア（地球）が発したメッセージでもある未曽有の大災害を、日本人なら乗り越えることができる。勇気と忍耐と叡智を併せ持つ東北人なら、ガイアからのメッセージを正しく受け止め、これを乗り越えることができる。そういう意味だったのです。では、ガイアのメッセージとは何だったのでしょうか。それは自由競争という名の下、自己利益ばかり追求し、「他者を思いやる心」を忘れたこの世界に対するメッセージでした。自然と調和して生きることを忘れた、人間達へのメッセージでした。それらを思い出せ！　とガイアが伝えているのです。あの時、被災者を助けようと日本が一つになりました。被災地を救おうと、自衛隊を始め、警察や消防、地域住民、ボランティアが一体となりわが身を顧みず総力を挙げて献身的な働きをしました。中には、津波に飲み込まれようとする住民を救済するために命を捧げた一般市民すらいます。地域住民は苦しいさ中、決して暴動も起こさず、パニックにも陥らず、支援の人々と共に必死に歯を食いしばって、毅然と前を向きました。もともと日本人に備わっていた、しかし、忘れつつあった「他者を思いやる心」「助け合いの精神」を思い出させてくれたのです。そして、大いなる自然の摂理を目の当たりにして、人間の無力を思い知らされたのでした。所詮人間は、「自然」というお釈迦様の掌の上での存在でしかない、という事実を教えてくれたのです。人間はともすると、自然さえをもコントロールできると錯覚しそうですが、本来人間の方が自然の営みに合わせて生きるしかないのです。

この出来事は同時に、物質的財産の儚《はかな》さ、そして愛の力の偉大さ……そんな事を多くの人々に教えてくれたようです。多くの人がこの事実に気づいたとき、日本民族の集合意識にその思いは刻まれるのかも知れません。

因みに、このシンポジウムの席上で私は次のように発言しています。

これから僕らが目指す道は、スピリチュアルな価値観に根差した生き方だと思う。原発事故：環境問題は、その「気付き」をもたらす象徴です。

八百万の神を持ち、異なる考えを受け入れ、和を尊ぶ日本人の精神性こそ、今全ての人類に求められるのです。我々は、昔から持っていたこの価値観を今こそ思い出すべきです。

3・11は、それを僕らに気付かせてくれた。日本は選ばれた。地球全体の歪みの中で。東北は選ばれた。勇気と忍耐と叡智の地として。


この発言はこの時点での私の思いでしたが、飯田先生、矢作先生、龍村監督のお話や、会場との議論を通じ、この思いの正しさを確信しました。後にも述べますが、今回のコロナウイルス騒動にも、全世界へ向けた同じ意味が込められているのだと思います。

日本の約束 ～秘められた歴史から、今、日本の在り方を問い直す

3・11の震災に関して、日本は選ばれたと書きましたが、日本は世界の国々の中に在ってやはり特別な存在だと私は思います。もちろん私は、民族主義者でも国粋主義者でもありま

せん。しかし日本人の特殊性、すなわち2600年もの永きに渡り万世一系の皇室を戴いていること、八百万の神を拝み森羅万象に神性を見出すこと、「和を以て貴しとなす」という調和の精神に満ち溢れていること、などを考えるにつけ世界における日本の役割について考えざるを得ません。そう言えば、3・11の直後、暴動も起こさず、生活必需品を求めて静かにスーパーのレジに並ぶ日本人を、海外のメディアは驚きと共に報じました。我先にと物を奪い合う事をしない日本人。この行動こそが、今、世界に求められる本質です。すなわち、日本人の持つ霊性です。特に自国第一主義による分断が新たな冷戦構造を生みつつある現在、その役割はとても重要だと考えるのです。そんな思いを胸に、前述の矢作直樹先生、そして育生

主催：立教大学ウエルネス研究所
東京大学名誉教授
矢作直樹
著書『人は死なない』、『天皇』、他多数
×
長堀優
育生会横浜病院 院長
著書『見えない世界の科学が医療を変える』、『日本の目覚めは世界の夜明け』、他多数
講演会
at 立教大学
テーマ
日本の約束
～秘められた歴史から、今、日本の在り方を問い直す～
2017 12/10［日］14:00～17:00（開場13:30）
立教大学 池袋キャンパス 11号館 AB01教室
連絡先：（濁川孝志）
入場無料

会横浜病院院長の長堀優先生らと共に立教大学でセッションを行いました。

最初のセッションは、『日本の約束 ～秘められた歴史から、今、日本の在り方を問い直す』と題したシンポジウムで、2017年12月のことでした。お二人は共にお医者様ですが、共通しているのは、お二人とも目に見えないものの存在を固く信じているという点です。医療現場は、高度な科学的論理性が求められる唯物論の世界であり、いわゆるスピリチュアルな世界とは最も遠い存在です。そのような世界に身を置きながら、お二人は勇敢にも霊の存在や輪廻の可能性などを前提に多くのメッセージを発信していました。さらにお二人は、多難な内外の情勢の中に在って日本や日本人はどうすべきか、その道標となるようなお話を当時著書や講演で語っていたのです。中国のことわざに、「小医は

シンポジウム「日本の約束 ～秘められた歴史から、
今、日本の在り方を問い直す」（2017年）

病を医《いや》し、中医は人を医し、大医は国を医す。」という言葉がありますが、私の目にお二人は、正にこの日本を医すための大医のように映りました。日本人は何処からきて、何処に向かおうとしているのか。急速に世界がグローバル化しつつある中、世界には解決困難な課題が山積み状態です。このような社会にあって、日本の役割、日本人の役割とは何なのか。八百万の神を受け入れ、アニミズム的な自然観を有する日本人。同時に「おかげさま」「お互いさま」「足るを知る」「お天道さまが見ている」など、昔から日本人の心に根付いてきた感性。そんな日本人本来の姿を想いながら、時には古代遺跡が示す日本人のルーツなども辿り、時には日本の立ち位置を世界という視点から俯瞰しつつ、この混迷する世界にあって日本人の果たすべき役割について考える、進むべき方向を考える、というの

左から、長堀優氏、矢作直樹氏、著者

がシンポジウムの目的でした。このシンポジウムの内容は一冊の本にまとめられ、『日本の約束～世界調和への羅針盤』（でくのぼう出版）(16)として出版されています。当初別の出版社から出す予定でしたが、矢作先生の直感と長堀先生のご縁で「でくのぼう出版」に決まりました。結果的にこれが大正解で、出版社による素晴らしい編集作業と尽力無しにはできない本でした。この本の内容に共感され、一人で数百冊も購入し関係者に配布するという方まで現れ、ＪＲ電車の車内広告にも載ったほどです。手前味噌で恐縮ですが、この本は本当に素晴らしく、今こそ多くの人達にお読み頂きたいと思います。

映画『いきたひ』上映会

２０１８年９月には、長谷川ひろ子監督の映画『いきたひ』の上映会を開催しました。映画『いきたひ』は「死」がタブー視される中、現代の終末期の在宅医療や在宅介護の在り方に一石を投じたドキュメンタリー映画です。47歳で他界した夫を４人の子ども達と共に自宅で看取った長谷川監督は、その過程を通じ「死とは胎内に戻ること」という死生観を得ることなります。その後、「死」は決してタブー視するものではなく、「死を見つめること」や「看取りのプロセス」は「生の肯定」に導くための尊い体験につながることを実感し、その事実を多くの人に伝えたいとの思いから映画作りを決心します。彼女は、まったくの素人ながら映画制作へ取り組み、企画から構成、脚本、取材インタビュー、ナレーション、テーマ音楽の作詞・作曲まで自分自身でやりぬき、ついに2015年に映画は完成したのでした。

いくら情熱があろうとも、映画製作とは全く無縁の素人に、普通映画など作れるものではありません。ましてや、経済的背景も、時間的余裕も、技術も、機材も、人脈もない状況です。しかし覚悟を決めるとそこには天の采配があり、次々と起こる運命的な出会いや想定外の支援に導かれ、この映画は完成したのでした。これ自体が、ある種の奇跡です。

現在、年間100回に近い上映が全国各地で行われています。そのほとんどの場に、監督自身が駆け付けます。従って彼女にゆっくり休む日常は無いはずなのですが、見えない宇宙のエネルギーを貰っているのか、監督は疲れ知らずでこの活動に途切れはありません。

立教大学の上映会では、映画上映の後、監督のご講演を頂いたのですが、その中では会場を暗闇にして、監督ご自身のピアノ演奏を背景にした「臨終体験」なるものが行われました。暗闇の中、何とも不思議な「死」の体験でした。会場全体が清々しい清澄な空気に包まれる中、私個人の感想を言えば、そこに辛く苦しいイメージは全くありませんでした。このイベントに先立って、私は研究室の学生諸君とこの映画の上映会に参加しました。これも、貴重なゼミ活動の一環です。映画を観た複数の学生が涙を流し、感動を伝えてくれました。そんな背景もあり、私はこの催しの運営をゼミの学生諸君に任せることにしたのでした。学生にとっては一生の財産となる貴重な体験だったはずです。慣れない学生のやることでもあり、当日の運営にはたどたどしい場面がありましたが、全て笑顔で受け容れてくれた監督でした。

私たちは、長く生きていれば必ず愛する人の死に遭遇します。愛する近親者を失くした時、残された者は大きな悲しみの中、時にはある種の後悔や喪失感に苛《さいな》まれるかも知れません。そんな時こそ、この映画を観て欲しい。きっと「死の意味」が違った顔をして、あなたを癒すと思うのです。

日本から世界調和へ

2019年1月にやはり矢作先生、長堀先生をお迎えし「日本から世界調和へ」とするシンポジウムを立教大学で開催しました。趣旨は、好評だった前回のシンポジウム『日本の約束～秘められた歴史から、今、日本の在り方を問い直す』を踏まえ、世界調和を考えた時の日本人の役割に関して、両先生からより強いメッセージを頂こうというものでした。ところが、予期せぬアクシデントが起きました。というのは、シンポジウムの直前に長堀先生が心筋梗塞で倒れたのです。その一報を受けた時、シンポジウムの方は何とかなる、と即座に考えたのですが、長堀先生の容態がとても気になりました。先生、働きすぎだったよなあ～、というのがその時の思いでした。しかし神の計らいでしょうか、全ては仕組まれたように上手く運んだのです。長堀先生が心臓に違和感を覚えたのはその日の朝ですが、本格的に具合が

主催：立教大学ウエルネス研究所
RIKKYO UNIVERSITY MDCCCLXXIV
東京大学名誉教授
著書『人は死なない』、『天皇』、他多数
育生会横浜病院 院長
著書『見えない世界の科学が医療を変える』、『日本の目覚めは世界の夜明け』、他多数
矢作直樹×長堀優
講演会 at 立教大学
テーマ 日本から世界調和へ ～今、日本の使命を考える～
2019 1月13日［日］
14:00～17:00（開場13:30）
入場無料
立教大学 池袋キャンパス 11号館 AB01教室
連絡先：（濁川孝志）

悪くなったのは、幸運なことにご自身が勤める病院内でした。当初は狭心症を疑い早々に検査をした結果、より重い心筋梗塞と診断され、直ちに設備の整う大病院に救急搬送されたのです。そこには、連絡を受けた循環器内科の教授が待ち構えており、素早く適切な処置が講じられたのでした。この間、僅か2時間程度。この処置の速さのお陰で、先生は後遺症一つ残らず回復されたのです。シンポジウムの方は、私が長堀先生の代役を務め予定通り行うことができました。もちろん私では先生の代役として力不足だったのですが、矢作先生の絶大なお力を借りて、なんとか事なきを得たのでした。それまでの長堀先生は、獅子奮迅のご活躍でした。病院長という要職に在りながら、依頼された講演などは

シンポジウム「日本から世界調和へ ～今、日本の使命を考える～」(2019)

全て引き受け、その上執筆活動も精力的にこなされていたのです。全ては、日本のため、世界調和のためを思っての行動でした。しかし身体は正直なもので、悲鳴をあげていたのですね。いくら世のため人のため、と高邁な精神を持っても、身体が働かなければ何もできません。少し休め、という神様からのメッセージだったのだと思います。現在先生はすっかり回復され、素晴らしい活動をなさっています。

霊性と現代社会

2019年の12月には、「霊性と現代社会」というシンポジウムを開催しました。私の現役の立教大学教授としての最後のイベントだったのですが、色々な意味でこれは特別な会でした。当初予定した講師陣は、胎内記憶研究の第

一人者池川明先生、前出の長堀優先生、元国連職員で霊性の重要性を訴える萩原孝一先生、それに私濁川を加えた4名でした。ここで当初の予定と先に書いたのは、事情により池川明先生がご登壇できなくなったのです。実は、このイベントは開催前からネット上を大きく賑わわせたのです。ネットに流れた内容というのは、講師の池川明先生は児童虐待を肯定する人物であり、そのような人間を立教大学が登壇させることは重大問題である、という批判でした。もちろん、これは事実と異なります。事実と異なるどころか、むしろ真逆です。池川先生のご講演を聴けば、ご著書を読めば、そんなことは明白です。どこをどう捉えても、児童虐待肯定などという発言は出てきません。ただ事実として、胎内記憶を語るときに、虐待する親を敢えて選んで生まれて来た、と証言する子供がいるのです。その事実を紹介し、先生はそれが意味するところを読み解いているのです。詳しいことはここでは割愛しますが、やはり根底にあるのは「魂の学び」のためということです。さらに言えば、成長を促したいという愛です。そして、この事実を理解すると、むしろ虐待は減るのです。当然です。自分を選んで生まれて来たという子供が、可愛くないはずがないですから。

しかし、ネット上を賑わわせた騒動は大学執行部の目にも留まり、結局池川先生にはご登壇を遠慮願うことになりました。ただ、ここで断っておきたいのは、最終的に大学執行部は私の話を理解し、池川先生の正当性を認めてくれた、ということです。これは、池川先生の名誉のため、そして立教大学の名誉のためにも強調しておきます。しかし世の中、何が幸いするか分かりません。結果この騒動のお陰でイベント自体は大きな話題になり、500名入る会場はほぼ満席になったのでした。

濁川はここで、本書でも記した霊性の意味するところを語り、それを前提に現代社会を調和に導く上での霊性の重要性を指摘しました。また、「池川先生の胎内記憶の知見が若者の生きがい感を増す」という研究結果などについて語らせて頂きました。

萩原先生はご自身のスピリチュアルな体験を元に、加えて国連職員時代の経験を踏まえ、世界調和の実現のため、やはり霊性に根差した生き方が重要であることを強調されました。無機質な政治的議論が渦巻く国連のとある会議の席上で、あろうことか先生が「愛の重要性」を叫び、存在が浮きまくったエピソードには、先生のお人柄が偲ばれ会場は笑いの渦に包まれました。

長堀先生のご提言は格調高いものでした。ご自身の医療現場での体験談を元に、「お迎え現象」の存在を主張され、量子論を根拠とした西洋科学と東洋哲学の融合の重要性などについても説明されました。量子真空は色即是空・空即是色の教えに通じること、そして霊性と科学は対峙するものでなく、同じ一つの真理を語るものであることを、分かり易く丁寧に語ってくれました。

ここで、ご登壇が叶わなかった池川先生のエピソードを一つ紹介したいと思います。実は池川先生は、自分を「児童虐待肯定論者」だと批判する人たちを指して、「彼らの行動の根にあるのは、児童虐待を無くしたいという愛の発想です」と彼らを擁護する発言をしていたのです。池川明先生は強い信念の人ですが、同時に深い愛の人なのです。当日このエピソードを紹介した時、会場全体が暖かい愛の気に包まれるのを、私はひしひしと体感することができました。池川先生のスピリットは、会場にいらしたのだと思います。

会場との質疑応答の時には我々3人の講師のほか、天の声を聴く詩人、神原康弥さんがゲストとして登壇されました。神原さんは幼いころ脳症を患い、重い障害を負われました。その結果特殊な能力を授かり、一般には見えない存在が見え小中学生のころは妖精や精霊と話をしたそうです。障害を負い普通の会

話が出来なくなったため、現在彼は「指談」で母親と会話し、母親を通じて私たちと会話します。この席上でも、母親の神原英子氏を通じて発言されました。指談と言うのは筆談の指バージョンですが、私にはむしろ指談は単なる動作に過ぎず、この親子はほとんどテレパシーで会話をしているように見えました。みなさんは、この神原康弥さんのストーリーを信じるでしょうか。確かに唯物論の世界から観れば、俄かに信じられないことかも知れません。しかし私は確信しています。彼の語るエピソードは事実なんだと。いや事実であるかどうかは別としても、少なくとも、彼が言うことに嘘がないことは分かります。科学的根拠など、もちろん示すことはできません。でも彼らの目を見ると、直感で分かるのです。直感というのは、地球交響曲の龍村仁監督も言うように、頭に溜め込んだ中途半端な知識よりも、遥かに鋭く物事の本質を見抜くものだと思います。この席上で神原さんは、会場の質問に答える中で、「赤ちゃんは天にいる時、お母さんを選んで生まれて来ること。みんな必ず何か理由をもって、使命をもって生まれてくること。その使命を達成すると、魂は宇宙に帰ること」などを話されました。

会場との質疑の後に、「響沁浴」という和太鼓の演奏を頂きました。響沁浴というのは「和太鼓千代組」の千代園剛氏が打つ太鼓の演奏ですが、これが誠に素晴らしい「場の空気」を創るのです。本来は場を真っ暗な状態にして、仰向けに寝た状態でこの演奏を浴びるのですが、今回は教室でしたので、椅子に座った状態で暗幕にて光を遮断し目を閉じ演奏を浴びました。私自身はこの響沁浴を何度も体験していますが、毎回不思議な感覚に包まれます。まず、太鼓の音が大音量であるにもかかわらず、自分を取り巻く空間は限りなく静寂になり、同時に必ず眠くなるのです。そして何とも言われぬ浮遊感と共に、身体が暖かくなります。大げさにいうと、自分という存在が無限の宇宙空間を浮遊するような感覚に襲われるのです。幸せな感覚に満たされ、涙を流す人もいます。中には、幽体離脱のように空中にいて自分を上から見ていたという感想を述べる人もいます。「なぜ」と問われても、これらの現象を現代科学で説明することはできません。ただ、事実としてそういうことが起こるのです。

この会の締めくくりとして、「令和スピリチュアル宣言」を千代園剛さんに読み上げて頂き、会場の皆さんと宣言に込めた思いを共有しました。腹の底から発せられた千代園さんの太く張りのある声が会場に響き渡り、会場全体が共鳴しているのが分かりました。その中で、長堀先生が静かに涙を流しておられました。これは、池川先生も含め当日登壇した私たち講師の切なる願いだったのです。以下に、宣言文章を記しておきます。

令和スピリチュアル宣言

かつてガリレオが地動説を唱えた時、世の中の人たちは、それを非科学的だとの理由で相手にしませんでした。しかし、その後地動説の正しさが証明され、これを前提にした結果、当時の天文学は飛躍的に進歩したのです。

今、スピリチュアルな現象を巡って同じことが起きています。スピリチュアルな事象や目に見えない存在は、非科学的という理由で否定され続けているのです。しかし現代に生きる多くのガリレオ達のたゆまない尽力により、世の中は少しずつ変わろうとしています。これを容認する方向へ動き出しているのです。

『かつて人が、花や樹や鳥たちと本当に話ができた時代がありました。その頃、人は自分たちの命が、宇宙の大きな命の一部であることを誰もが知っていました。太陽を敬い、月を崇め、風に問《たず》ね、火に祈り、水に癒され、土と共に笑うことが本当に生き生きとできたのです。ところが最近の科学技術のめまぐるしい進歩とともに、人はいつの間にか、『自分が地球の主人であり、自然は自分たちのために利用するもの』と考えるようになってきました。その頃から人は、花や樹や鳥たちと話す言葉を急速に忘れ始めたのです。人はこのまま自然と語り合う言葉を、永遠に忘れてしまうのでしょうか。それとも科学の進歩と調和しながら、もう一度、その言葉を思い出すことができるのでしょうか。』

これは映画監督龍村仁が、映画『地球交響曲』の中で述べている言葉です。

今こそ私たちは、スピリチュアルな事象を当たり前のこととして捉え、縄文人や世界の先住民族の心に学び、目に見えない存在に想いを馳せ、物質的価値のみを重んじる心から離れ、日々を調和の心で生きてゆきます。

多くの人たちがこの想いに目覚めた時、私たちはきっと花や樹や鳥たちと話をする力を再び宿すことができるのでしょう。

今こそ私たちは、スピリチュアルを当たり前のこととして語ります。

令和元年12月8日

立教大学：シンポジウム：霊性と現代社会参加者一同

この他に私が主催した霊性に関わるイベントとしては、「奇跡のリンゴ」を生み出した木村秋則氏の講演会、写真家星野道夫関連の講演会、映画『地球交響曲』の上映会及びこの映画を手掛けた龍村仁監督の講演会などが挙げられます。これらのイベントは私の想いを発信する場でもありましたが、同時に、時に揺らぎがちな自身の霊性への想いを再確認し、答え合わせをする機会でもありました。霊性について語る時、時に様々な反論や批判を頂くことがあります。それが声高な批判であったり感情的な議論の場合は軽く受け流すことができるのですが、落ち着いた静かな眼差しからくる意見は心に堪《こた》えます。そのような時、自分の霊性への信念が揺らぎそうになることも正直ありました。螺旋階段を一歩ずつ登るように、揺らぎつつ、ようやく現在の境地にたどり着いた自分です。そういう曲折があればこそ、今は信念をもって、確信をもって、霊性の真実を皆さんにお伝えすることができるのです。

若者に霊性を伝える

「はじめに」にも書きましたが、私は立教大学で30年以上に渡り教鞭を取ってきました。その間、学者の端くれとしていくつかの研究に取り組みましたが、霊性（スピリチュアリティ）は自分の中でとても重要な研究テーマでした。同時に講義や講演会、シンポジウムなどを通じて霊性（スピリチュアリティ）について問いかけ、多くのみなさんと議論してきました。それらのプロセスで得られた知見や成果は、今の私にとってとても貴重な財産です。2

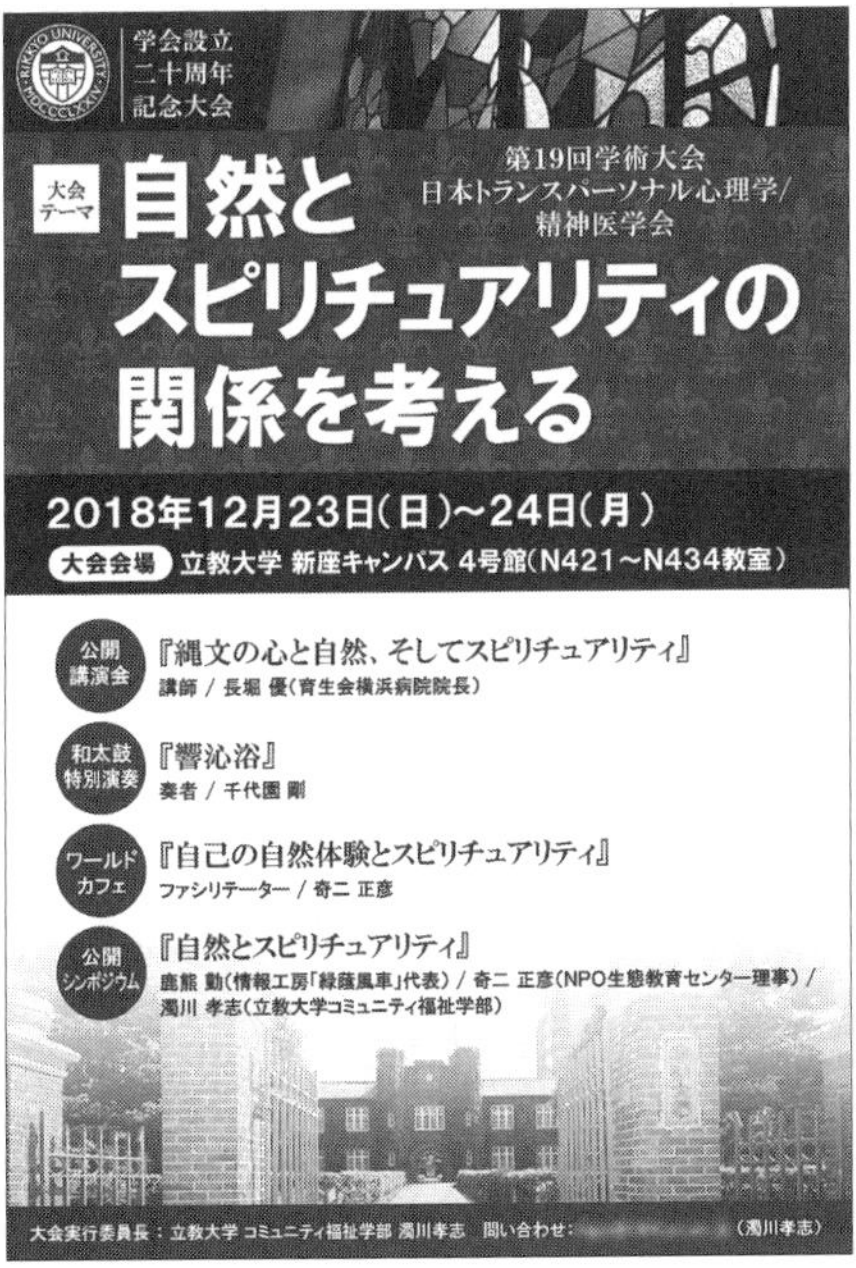
学会設立
二十周年
記念大会
第19回学術大会
日本トランスパーソナル心理学/
精神医学会
大会テーマ
自然と
スピリチュアリティの
関係を考える
2018年12月23日(日)～24日(月)
大会会場　立教大学 新座キャンパス 4号館(N421～N434教室)
公開講演会
『縄文の心と自然、そしてスピリチュアリティ』
講師 / 長堀 優(育生会横浜病院院長)
和太鼓特別演奏
『響沁浴』
奏者 / 千代園 剛
ワールドカフェ
『自己の自然体験とスピリチュアリティ』
ファシリテーター / 奇二 正彦
公開シンポジウム
『自然とスピリチュアリティ』
鹿熊 勤(情報工房「緑蔭風車」代表) / 奇二 正彦(NPO生態教育センター理事) /
濁川 孝志(立教大学コミュニティ福祉学部)
大会実行委員長：立教大学 コミュニティ福祉学部 濁川孝志　問い合わせ：(濁川孝志)

０１８年には立教大学で『日本トランスパーソナル心理学／精神医学会』の学術大会を開催し、「自然とスピリチュアリティ」と題するシンポジウムを催しました。この『日本トランスパーソナル心理学／精神医学会』は霊性（スピリチュアリティ）を重要な研究テーマとする学会で、内閣府の「日本学術会議」にも承認されている正式な学術団体です。一般にはあまり知られていないですが、日本にもこのような学会があり、霊性を研究テーマとして真摯に取り組む学者が沢山いるのです。霊性は、人間存在の根幹に関わるテーマですから、当然と言えば当然なのです。しかし同時に、これと矛盾するようですが、霊性を研究テーマにするのは、学問の府たる大学ではかなり異端です。時に「死の意味」や「死後の世界」、「生まれ変わり」などを含むこの種の研究は、科学的枠組みの中で議論するのが難しいが故に、学者が取り組むべきテーマとして適当ではない、とする風潮があるのです。場合によっては、オカルトと断

シンポジウム「自然とスピリチュアリティ」（2018）
日本トランスパーソナル心理学／精神医学会

じられバッシングの対象となることさえあります。そしてそのようなバッシングをする人達は、多くの場合、霊性に関わる研究結果をまともに検証しようともせず、頭ごなしに「非科学的」あるいは「オカルト」と決めつけているようです。しかし、その研究を精査せず、頭から「非科学的」と決めつける態度こそ正に、「非科学的」な姿勢そのものです。幸いにして私は、大学生活でそのようなバッシングを受けた経験は一度もありませんでした。立教大学はキリスト教に根差した教育を標榜しているのですが、人知を超えた神の存在や、愛、信仰、などに関し理解する素養が大学全体に培われていたのかも知れません。

飯田史彦の生きがい論

私の講義の中で『ウエルネス福祉論』という講座では、霊性（スピリチュアリティ）が重要なテーマであり、人が生きる意味や霊性の重要性に関して学生に伝え、時には議論してきました。そのベースになったのは、元福島大学教授の飯田史彦先生が提唱した「生きがい論」でした。この「生きがい論」を提示した先生の名著『生きがいの創造』シリーズ（ＰＨＰ研究所）

は、累計200万部以上売れている大ベストセラーです。私は先生との共同研究もあり、その内容は『生きがいの教室』（PHP研究所）(11)で詳しく紹介されています。余談になりますが、飯田先生も、福島大学ではいわれのない批判にあったようです。当時の日本社会は高度成長の真っただ中にあり、「物質的な繁栄こそが幸せをもたらす」という発想が強かった時代でした。まだ当時は、「生きがい論」のような発想や思考を受け入れる余裕が世の中に無かったのだと思います。

ではここで、私が学生に伝えてきた飯田史彦先生の「生きがい論」に関して述べたいと思います。生きがい論の基本的な思想は、それを支える5つの仮説から構成されます。5つの仮説とは、「死後の生仮説」「生まれ変わり仮説」「ライフレッスン仮説」「ソウルメイト仮説」「因果関係仮説」と呼ばれるもので、それらは人間が「今生に生きる意味」を霊性に基づいて説いたものです。飯田先生の「生きがい論」は、これらの仮説に集約されるような思考を受け入れた時、人は人生に「生きる意味」や「生きがい」を見出し、自分の人生を肯定できるようになる、と説いています。

この5つの仮説は、『生きがいの創造』（PHP研究所）(2)の内容を詳細に読み解き、そこに記されたメッセージの本質を明らかにしようとした研究で抽出されました。この研究に携わったのは、大石和男教授（専修大学）、安川通雄教授（専修大学）、飯田史彦教授（福島大学）、濁川孝志（立教大学）の4名の研究者でした。

以下、簡潔にそれらの仮説を説明します。

①「死後の生仮説」

永遠なる意識体（魂）は、人が死んだ後も存在し続ける。

②「生まれ変わり仮説」

我々の意識体は、死後に、それまでの人生を振り返り、反省し、学習し、新たな人生プランを立てて、この世を再訪する。我々の意識体は、このように生まれ変わりを繰り返している。

③「ライフレッスン仮説」

人生は、死・病気・人間関係など様々な試練や経験を通じて学び、成長するための修業の場であり、自分自身で計画したものである。人生とは、意識体としての自分自身を成長させるための場であり、学校である。

④「ソウルメイト仮説」

現在出会っている夫婦、家族、友人、ライバルなどは、お互いの成長のために必要な存在であり、未来の人生でも出会うであろうソウルメイトである。

⑤「因果関係仮説」

自分が愛に満ちた行為を行えば、その愛はやがて自分にも与えられ、罪のある行為や道徳に反する行為を行えば、やがてそれも自分に返ってくる。宇宙には、このような因果関係の法則が働いている。

飯田先生は、これらを「仮説」と位置付けています。先生はこのテーマに関する世界中の膨大な文献に当たり、その中でも発信元が特定でき責任の所在が明確な文献だけを根拠とし、それらを丹念に読み解き総合的に考察した結果として、この仮説のベースとなる考えを提唱しました。それに加えご自身の超常体験などもあり、これらの仮説の正しさに関しては確証をもっているのでしょう。しかし残念なことに、その正しさを示唆する多くの状況証拠は存在しても、現代科学の未熟さゆえに、それを科学の枠組みの中で万人が納得するような証明はできません。従って、あくまでも仮説である、というスタンスをとっています。これが真理だ、とは言わないのです。これこそが学者としての態度であり、そこに飯田先生のお人柄、謙虚な姿勢が見て取れます。

さらに先生は「生きがい論」の中で、これらの仮説を前提とした「ブレイクスルー思考」という発想を提唱しています。「ブレイクスルー思考」とは、「人生は、思い通りにならないからこそ価値がある」とする考え方です。そんなバカな、と思うかも知れません。しかし、自分の思い通りにならない時に、その状況を肯定し受け入れることができるなら、それこそ困難を乗り越える大きな力になるはずです。先の5つの仮説を前提として先生は、「人生で起こる全ての物事には意味と価値があり、表面的には失敗、挫折、不運のように見えることも、すべて自分の成長のために自分が用意した順調な試練である。さらにその試練は、全て自己を成長させるため自分自身が用意した課題であり、解決できない課題は一つもない」という人生における試練の解釈の方法を提唱しているのです。これこそが、ブレイクスルー思考の根幹です。確かにそのように考えることが出来たなら、想定外の不運や災難に見舞われた時、その状況を受け入れ、そこから先の希望をイメージし易いような気がします。

そして先生は、このようなスピリチュアルな考えを万人が受け入れる必要はなく、むしろこれを受け入れず唯物論をベースに生きていける人は芯の強い立派な人である、と肯定しています。私もまったく同感です。唯物論をベースにして、今生を幸せに生きて行けるなら、それはそれで素晴らしい人生だと思います。ただ、人生は波乱や不条理に満ちていますから、多くの人々は唯物論をベースにした生き方では、それらの困難を受け入れることが難しく、時に人生の意味を見失うことになるのです。

さて若い学生諸君は、このような内容の講義をどのように受け止めるのでしょうか。３回に渡る「生きがい論」の講義前後での、彼らの心理的な変化を探った研究があります。前述の４名の研究者による共同プロジェクトで、対象とした学生は関東の複数の大学の男性４３８名、女性３４２名の計７８０名でした。以下、その概要を紹介します。

①一つ目の検討は、「５つの仮説をどの程度信じるか。また、講義の後に認識が変わるのか」という点に関して調査しました。つまり、生きがい論を学ぶ前後で、これらのスピリチュアルな考えに対する彼らの認識がどのように変化するかを探ったのです。

②二つ目の検討は、学生たちの「生きがい感」が、生きがい論を学ぶことでどのように変化したかを調査しました。生きがい論は、若い世代の生きがい感に影響を及ぼすのではないかと考えたからです。

③三つ目の検討は、「タイプA行動様式」と呼ばれるストレスを引き起こし易いある種の指向性、具体的には「時間的切迫感」「批判的な意見に対する敵意性」などが生きがい論の

受講によりどのように変わるかを探ってみました。

結果はほぼ私たちの予想通りでした。すなわち、学生諸君のスピリチュアルな発想にたいする受容性が増し、同時に生きがい感が高まり、敵意性や時間的切迫感などを伴うタイプA行動が軽減されることが分かりました。これらの変化は、全般に学生の精神的健康状態を向上させるものです。このような変化をもたらすメカニズムが解明されたわけではありませんが、スピリチュアルな発想を受け容れることにより、生きる意味が明確になり、それが彼らの安心感につながり情緒も安定するのだと思います。ここで一つ断っておきますが、生きがい論の講義は、その内容を押し付けるものでは決してありません。霊性に関する世界中の学者の論文や著書の内容を解りやすく紹介しますが、それを受け入れるかどうかは、当然の事ながらあくまでも学生自身の判断に委ねられました。

池川明の胎内記憶

『ウエルネス福祉論』の中では池川明先生の『胎内記憶』も紹介しました。胎内記憶に関する詳しい説明はここでは割愛します。ごく簡単に説明すると、①子供は生まれる以前の記憶、すなわち胎内に宿った後、生まれるまでの期間の記憶を持っていることがある。②場合によっては胎内に宿る以前、すなわち中間世（あの世）の記憶も持つケースもあり、その場合、自ら親を選んで生まれてくる、とする証言が多い。③多くの場合、両親の学びのため、そして両親を幸せに導くために生まれてくる。などという記憶を語る子供たちが世界中に大勢いるのです。もちろん、これらの子供の話の信憑性に関しては、これを証明することはできません。しかし、生まれる以前に起こった子供が知り得ないはずの両親のエピソードを語る子供たちが世界中に大勢いて、両親を選ぶことや、選んでから生まれてくるまでのプロセスに関しては、多くの子供たちが似たような内容の事を語ります。これはとても偶然の一致とは思えないのです。そして何よりも大切なことは、仮にこれらの証言を前提として捉えると、親子関係がとても良好になるということです。親子関係というのは意外に難しく、これがうまく行かずに悩む家族は世の中に多々あるのですが、胎内記憶で語られた視点から自らの親子関係を見つめ直すと、親や子供の行動を違った角度から捉えなおすことができ、多くの場合関係が改善するようです。この子は、わざわざ自分を選んで幸せにするために学びを与えてくれているんだ、と思えた親。一方、自分がこの親を自ら選んで学びのために生まれてきたんだ、と思えた子供。どちらも、その瞬間に深い愛情を認識し、相手を見つめる眼差しが優しい方向へ変化するのです。実際に池川明先生を授業にお招きし、胎内記憶の講義をして頂いたうえで、講義前後での学生の心理的変化を検証した研究があります。結果は大変興味深いものでした。詳細は省きますが端的に言って、彼らの①スピリチュアリティ（霊性）のレベル、②生きがい感、③見えない存在に対する畏怖の念、④友好感などの項目が講義前と比較して明確に向上したのです。そもそも、「スピリチュアリティ（霊性）のレベルなど測ることができるのか」という疑問の声が聞こえてきそうですが、これに関しては学会が認めたJYSという質問紙が存在し、それを使用しました。そして上記の効果は、他の授業と比較しても明らかに有意なものでした。ところで、池川明先生はあくまでも『胎内記憶』に関する講義をしただけでした。それにも拘わらず、「スピリチュアリティ」だけではなく、「生きがい感」や「友好感」、「見えない存在に対する畏怖の念」などの項目が醸成されたというのは実に面白い結果です。「スピリチュアリティ（霊性）」は勿論《もちろん》のこと、「生きがい感」や「友好感」などは、今の若者たちが備えるべきとても大切な資質だと私は思うのです。これらの研究結果が示す重要な点は、霊性は教育によって醸成できるという可能性を示したことです。

霊性を排除した日本の教育

戦後GHQによる強力な指導の下、神話をはじめ霊性に関わるような内容を教育の世界から排除してきた歴史が日本にはあります。それ以前に、明治政府が西欧列強と伍して戦い国の独立を維持するために取った合理化政策の中で、全人教育を失ったこと、つまり教育の中での徳性の大切さを見失ったことなどもあります。しかし、戦後の冷戦構造の崩壊や米中対立による新たな冷戦構造の構築、中国の台頭、EUの混乱など、70年以上続いた戦後世界体制は大きな軋《きし》みを見せ、その下で培われた私たちの価値観も揺らぎつつあります。今こそ日本の未来や世界の調和を考え、教育の中に、人間存在の根幹とも関わる霊性の陶冶に関する内容を盛り込むべき時ではないでしょうか。霊性とは、先にも記しましたが「誰が見ていなくても、お天道様が見ていることを感じる」「日々、生かされていること自体に感謝する」「年長者やご先祖さまを敬う」「四季の移ろいに、ものの哀れを感じる」というようなセンスです。このようなセンスを万人が身に付ければ、世の中の争い事は大きく減ると思うのです。宗教から独立した形で、万人に共通して必要な霊性の教育をすることは可能です。日本のそもそもの成り立ちや神代から現代の天皇へと続くこの国の物語、すなわち神話は、今の日本人にとってとても重要な存在だと考えます。しかし、神々の話をしなくても、宗教のような縛りをかけなくても、霊性の教育はできます。ここで例示した飯田史彦先生も池川明先生も、あくまでも事実として示された客観的な事例を基にご自身の論を展開し、その結果それを聞く学生のスピリチュアリティが高まりました。このような事例は他にも沢山あります。それらのエッセンスを家庭や社会や学校教育の中で十分に活用できると思うのです。今、この霊性に関わる教育を真剣に考えるべき時がきていると私は考えます。余談になりますが、池川先生の胎内記憶の講義を聞いた学生たちからは、子供が欲しくなった、という感想が沢山寄せられました。少子化が社会問題になっている日本の現状を考えると、やはり教育は大切なのだ、と考えさせられるエピソードでした。そしてこれも余談ですが、ウエルネス福祉論の講義を毎週重ね、学期の終わり頃になると私の研究室を訪ねて来る学生が時々現れます。多くは女子学生です。もちろん、私が女子学生に人気があるという訳ではありません。彼女たちは、なかなか他人には言えないスピリチュアルな体験をしているのです。霊的な存在が見えたり、その声が聞こえたり、時には他の存在（霊）が自分の中に入ってきて困る、というような話もあります。内容は様々ですが、共通しているのは幼い頃彼女たちはその力は誰にでも備わっていると考えていたのですが、ある時、それは自分だけが持つ特殊な能力だと気づき、それ以降は家族も含め他人にその話をしなくなるということです。異常な人、変な人と思われたくないのでしょうね。私が彼女たちの体験と重なるようなスピリチュアルな話をするので、この人には話しても安心だ、と思うようです。他人に話すことによって、少し心の重荷が取れるのかも知れません。その能力を大学生になっても持っている人もいれば、成長に従って失われたという人もいます。なぜ女子学生に多いのか、それは分かりません。もしかしたら、話さないだけで男子にもいるのかも知れません。なぜ、彼女らにだけ普通と違う能力が授かったのか。その理由も分かりませんが、いずれにせよその能力と折り合いをつけ普通に生きてゆくことは、それなりの苦労があるようです。きっと、これも一つの学びの機会なのだと思います。

星野道夫の霊性

もう一人、私が霊性の重要性を考えた時、学生や一般に伝えたい重要な人物がいます。写真家の星野道夫です。写真家ではありますが、秀逸な多くの文章も遺しています。20年以上前に亡くなった人ですが、彼の写真展は未だに何十万人という数の人が訪れ、彼を対象とした著作が最近でも出版され続けている稀有な人物です。

なぜ星野道夫は、亡くなって20年以上も経つのにそんなに人気があるのか。それは、彼が遺した写真や文章に我々日本人が求めて止まないモノが隠されているからでしょう。それは何か。ずばり、それは我々の心の拠り所となる物語、つまり神話だと私は考えます。星野道夫が遺した神話。そこには、多くの日本人が理想とするメンタリティや未来の自分自身を位置づけるためのヒントが隠されています。人々は知らず知らずのうちに、星野道夫の著作から、自身が心の拠り所としたい物語を紡ぎ取っているのだと思うのです。ですから私は、講義の中で星野道夫の物語を学生に伝えてきました。物語の中から、学生諸君の人生を照らす道標のようなものが見つかれば良いなあ、と願ってきたのです。そんな私が、心を込めて学生に伝えてきた大切な星野道夫の言葉が2つ有ります。1つは、

「好きなことをやって行こう」

そしてもう1つは、

「大切なことは出発することだった」

この2つの言葉です。2つともとてもシンプルなのですが、今を生きる若者にとって、とても重要なメッセージだと思うのです。「好きなことをやって行こう」という言葉は、星野道夫が山の事故で親友を失い、生きる意味を問いながら1年間近くもがき苦しんだ末、心に降りてきた言葉でした。自分の将来の方向を定めることが出来ず、世間や親の価値観の中で安全で標準的な生き方を指向する現代の若者に、是非とも考えて欲しい発想です。

「大切なことは出発することだった」という言葉も、失敗を恐れる若者にとってとても重要なメッセージです。やりたい事があっても先の事をあれこれ考えてしまい、最初の一歩が踏み出せない。そんな時、私たちの背中をそっと押してくれる静かな、そして力強い言葉です。時に踏み出すことにより失敗もするでしょうが、若者にとって失敗こそは大きな学びの機会でしょうし、踏み出すことによって初めて見える風景もあるはずです。その風景が、きっと人の可能性を広げてくれると思うのです。

さて先に記した霊性の意味を考えるとき、星野道夫という人は霊性に満ち溢れた人でした。星野道夫の著作から、星野の霊性の概念構造を検討した研究があります。(12) それによると、星野道夫の示したスピリチュアリティ（霊性）は、以下の6つの要素で構成されていることが分かりました。すなわち、**【万物の繫がり】**、**【自然との調和】**、**【古い知恵の継承】**、**【輪廻】**、**【年**

長者への敬意】、【目に見えない存在への想い】の6項目です。ここで示された6つの要素は、物質的繁栄が最優先とされるような風潮の中、私たちが争いのない調和した社会を構築するうえでとても大切な思想です。星野道夫の語りはとても静かで声高に人を諭すような物言いは全く無いのですが、私たちの心に染み入るとても大切な教えがその行間に溢れているのです。星野道夫の霊性に関する詳細については別の章に譲りますが、星野の写真や文章に感動し、霊性に満ち溢れた人の生き方に目を見張る学生たちの感想は、やはり霊性の醸成は教育によって十分可能であることを示唆するものでした。

自然が霊性を醸成する　～霊性に関する研究

霊性の研究へ

私は立教大学で学生に霊性を伝える傍ら、自身のテーマとして霊性に関わる研究をしてきました。このような研究を始めたきっかけは、自分自身が悩んだからです。具体的なことは省きますが、大切な家族が問題を抱え、「生きる意味」に関して考えざるを得ない事態に陥ったのです。精神的にかなり参りました。その時私を救ってくれたのが、先にも取り上げた飯田史彦先生の書かれた『生きがいの創造』（PHP研究所）でした。当時専修大学の教授であった、大石和男先生から紹介された本でした。この本の内容に共感し、その意味を自分の事として噛みしめた時に、心にブレイクスルーが起きたのでした。「ああ、これで良いのかも知れない」という思いでした。もちろん、この想いは随分揺れました。当時はまだ、確たる信念を得た、という程ではありませんでした。しかし、長い時間をかけ、霊性に関わる多くの人達や書物に触れ、そして実体験が伴うにつれ、この想いは今、自分の中で確信に近いものに変わりました。その想いとは簡単に言えば、「今、私の周りで起こっている現象は全て必然で、このままで良いのだ」という想い。そして、「自分の想いが現実に投影されるのだ」という考え。更に、「我々の魂は永遠で、肉体の死後も成長の旅を続ける」という想いです。

自分自身の中にこのような想いを得てゆく過程と並行して、私はそれまでの研究の方向を大幅に変え、霊性の勉強を始めました。そして気が付けば、20年以上もの歳月をこの研究に傾けてきました。霊性の研究の中でも、私が最も強く興味をもったテーマは「霊性と自然の関係」です。私の知る多くの霊性豊かな人達は、自然と深く関わっています。宮沢賢治しかり、星野道夫しかり、木村秋則しかり。そして自然との深い関わりを持たなくても、ほとんどの人達は自然の大切さについて述べています。私の友人に、髙橋真理子さんというとても素敵な女性がいます。彼女は何と、星空を人々に届ける仕事をしているのです。なんて素晴らしい仕事でしょう。難病を患い病院から外に出ることができない人達、子供たち。そんな人たちに移動型プラネタリウムを持参し、星空を届けるのです。中には、夜空の星というものを初めて目にする子供たちもいます。初めて星という存在を知った子供たちは、それぞれに、目を見開いたり、手をあげたり、感動を言葉にしたり、中には涙を流す子もいます。表現は一人ひとり違いますが、多くの子供たちが目の前に展開される星空や宇宙の姿に感動し、魂の深い所で何かを感じているのです。それは思うに、子供たちの霊性が刺激され魂が喜んでいるのだと思うのです。この髙橋さんたちの活動は、「病院がプラネタリウム」と呼ばれ、今や全国で展開され、多くの感動を生んでいます。しょうがい者施設や福祉施設を訪れることもあります。その髙橋真理子さんが星を見上げるという行為で得られる「気づき」について、こう書いています。

私たちがいかに大いなる自然の中の小さく愛《いと》おしい存在であるか、ということ。広大な宇宙の中の、小さな地球の上にへばりついて生きる私たち。そのいのちの重みに差異はなく、誰もが生かされている平等な存在であることを宇宙は教える。

さらに、私たちはみな星のかけらだということ。私たちの体の材料である炭素や酸素などの元素はすべて星の内部でおこる核融合反応によって生みだされ、さらに重い元素は星の死である超新星爆発によってつくられている。原子を構成する陽子や素粒子をつきつめていけば、ほぼ宇宙がはじまった１３８億年前まで、私たちのいのちのもとはつながっている、といっても過言ではない。

そんな科学が教える138億年の物語と、人々が長い間漠然と持ってきたであろう「星を見上げるときの祈るような感覚」は、どこかでつながっているように思う。それは、人種や思想の違いを超えて、人々の共通の「よりどころ」になるのではないだろうかと感じている。つまり、生まれることも死にゆくことも宇宙の大きなサイクルの中の一つであると捉えることは、どんな姿で生まれてこようとそれも自然の一つであること、死に対する過剰な恐怖感を持たずにすむことにつながるのではないか。(13)

髙橋さんは、霊性やスピリチュアリティとは無縁の方です。しかし彼女は言います。「生まれることも死にゆくことも宇宙の大きなサイクルの中の一つである」と。「どんな姿で生まれてこようとそれも自然の一つである」と。そして、「死に対する過剰な恐怖感を持たずにすむ」と。彼女が表現したこれらの言葉、すなわち人々が星空を見上げる時に感じるこの気づき、これこそが深い所で我々の霊性と深く結びつく感性だと思うのです。自然の中で星空を見上げるという体験、あるいはプラネタリウムに展開される宇宙で、星という究極の自然を観る体験。それは人の霊性を高めるのではないか、と私は思うのです。また、深い森の中で樹齢100年にもなろうかというブナの大木に出会う時、私たちはその神々しさに思わず頭を垂れます。「何事の　おわしますかは　知らねども　かたじけなさに　涙こぼるる」と詠んだ西行法師の心境になる自分がいます。これこそは、霊性の発露に違いありません。自然は、人間の霊性を醸成する力を持つのではないか。この想いが、「自然と霊性の関係」を研究するきっかけでした。

スピリチュアリティ評定尺度（JYS）の作成
――大切なことは出発することだった――

最初に取り組んだのは、霊性を測る尺度づくりです。霊性と他の指標との関連性をみるためには、霊性のレベルを測る必要があります。例えば、自然環境が霊性に影響を及ぼすことを示すためには、自然の中で過ごした後に霊性がどのように変化したかを知る必要があります。従って霊性の程度を測り、それを数値化する質問紙を作る必要があるのです。しかし考えてみるに、霊性などそもそも測れるものでしょうか。その答えは、おそらく「ノー」です。そもそも、霊性という魂の奥深いところに関わる性質を、表面的な質問紙などで測れるものではありません。さらに「霊性」や「スピリチュアリティ」という概念は、その定義自体が確定されておらず100人の研究者が100通りの見解を示しています。従って霊性やスピリチュアリティを測ろうなどという試みは、かなり無謀な挑戦だったのです。しかし、これなしでは、霊性と他の指標との関連を探ろうとする研究は一向に前に進みません。これから出てくる若い研究者の為にもこの仕事はやっておかなければならない、という使命感のようなものが私の中にありました。そこで私は、心理学を中心にしたこの分野の専門家4名をプロジェクトメンバーとして迎え、この試みの可能性から議論を始めたのでした。数か月に及ぶ議論の結果、霊性の全ての側面を網羅するのは難しいが、表面に現れそうないくつかの側面に焦点を当てたものなら作れるのではないか、という結論に至りました。そして、まずは霊性の概念規定からスタートし、これができた段階で質問紙の作成に挑戦しようということになりました。それぞれ専門の立場から色々な意見がありましたが、まずはスタートできたのです。本当に良かったです。「大切なことは出発することだった」これは、先にも取り上げた私の敬愛する星野道夫の言葉です。自分のやりたい大きな夢があっても、困難を前にしてアレコレ悩み、なかなか最初の一歩を踏み出せない時があります。そんな私たちの背中を、そっと押してくれる私の大好きな言葉です。まずはスタートして全身全霊で取り組む。そして、もしそれが本当に意味あることなら必ず道が開ける。星野道夫は、そう教えてくれます。研究の手順は、少し専門的になりますが、まず霊性の概念規定をして、その概念を網羅した尺度原項目を作り、それらの尺度原項目の因子分析から、因子構造の探索と元となる質問紙の策定を試み、更にその質問紙の妥当性や信頼性を検討するという流れです。一番難航したのは、やはり最初の霊性の概念規定でした。結局2年に及ぶ議論と試行錯誤の結果、「日本人青年用スピリチュアリティ評定尺度（JYS: Japanese Youth Spirituality Rating Scale）」(14)なるものが誕生し、これを纏《まと》めた論文は、日本トランスパーソナル心理学／精神医学会で原著論文として正式に受理され、この質問紙の学術的な価値が認められたのでした。この知らせは、当時在外研究で滞在していたニュージーランドの宿舎に入ったのですが、安いワインで一人夜遅くまで祝杯を挙げたのを覚えています。苦労が報われ歓喜した瞬間でした。因みにこの質問紙は、5因子構造27項目の質問項目で構成されます。5つの因子とは、『自然との調和』『生きがい』『目に見えない存在への畏怖』『先祖・ルーツとの繋がり』『自律』の5つです。霊性が持つ多くの因子のうち、これらの因子を中心に測定する質問紙ということです。因みに、これまでに大学院生を中心とした多くの若い研究者からこの尺度の使用願いが私のところに来ています。もちろん、即答で使用を許可します。そもそも公式に発表したものですから、これを使用するのに私の許可など不要なのです。この指標が今後この分野の研究の発展に少しでも貢献できれば、それこそ私にとっては望外の喜びです。

自然体験は霊性を醸成するのか

霊性の一側面を測る尺度ができたので、いよいよ本題の「自然と霊性の関係」をテーマにした研究に取り組みました。これは、私の研究室の大学院生だった奇二正彦君が中心になって行った研究です。私は共同研究者であると同時に指導教授という立場でもあり、研究計画の段階からこのプロジェクト全般を統括しました。当時奇二君は自然環境系のコンサルティング会社で主任研究員を務めており、その傍ら大学院での研究を行うのは時間的制約の中で大変な苦労があったと思います。研究の完成に5年の歳月を要しましたが、この一連の業績が評価され、奇二君は立教大学から博士号を授与されました。指導教授の私としてはホッとすると同時に、苦労が報われ大きな喜びを得た瞬間でした。

さて肝心の研究内容ですが、大きく3つのテーマで研究をしました。1つ目は、短期間の自然体験が人の霊性（スピリチュアリティ）に影響を及ぼす可能性があるかどうかを探ったものでした。具体的には、数十名の学生さんに自然が色濃く残っている地域に5日間滞在してもらい、その間、星空の観察やブナ林のトレッキングなど自然と親しむプログラムを体験し、体験前後のＪＹＳ（スピリチュアリティ指標）の数値を比較するというものでした。なおこのキャンプを実施したのは、新潟県の雪深い山間地にある秘境で、ブナ、ミズナラ、トチノキなどの落葉広葉樹の原生林に囲まれた素晴らしい地域です。私の大好きな場所で、年に何度もこの地を訪れるのですが、滞在するだけで心が洗われるような所です。空には翼長2メートルにも及ぶイヌワシが舞い、近くの清流には体長70㎝を超える大イワナが泳ぎ、森ではツキノワグマが闊歩し、夜になれば降るような星空が広がる……という正に夢のような土地なのです。

結果は予想通りで、自然体験後に学生さんたちのＪＹＳ値は有意に向上しました。つまりは、僅か5日間ですが、その間の自然体験で彼らの霊性が刺激され培われたようなのです。それ以外に、生きがい感や精神的健康度も向上するという結果が得られました。この結果からも、やはり自然との触れ合いが我々の精神に良好に働くことは間違いないようです。

2つ目は、過去の自然体験の多寡がその人の霊性にどのように影響しているかを調べました。まずは、自然体験の多寡を問う質問紙を作製します。これも、実は思うほど簡単な作業ではありません。そもそも「自然体験」という概念自体が、すごく曖昧なのです。自然の中での散策も、農作業も、林業も、あるいは自然の中で何もしないことも……全て自然体験かも知れません。そこで、まずは自然体験の定義づけから始め、さらに、信頼性や構成概念の妥当性が備わった自然体験を問う質問紙（Survey for Nature Experience：SNE）を作製するのに約1年間の歳月を要しました。この結果、過去の自然体験の多寡を数値化することが可能になったのです。これは、奇二君の努力の賜物です。

検討の結果はやはり明確で、過去の自然体験の多い人ほどＪＹＳの得点が高いことが分かりました。つまりは、人生において自然体験が豊富な人ほど霊性が豊かに醸成されている可能性が示唆されたのでした。因みに、生きがい感に関しても同じことが言え、自然体験の豊かな人の方が生きがい感が強い、という結果も得られました。「生きがい感」というのは、私たちが日々生きてゆくうえでとても重要な要素だと思います。そして、生きがい感は、霊性の一側面でもあるのです。因みに、生きがい感はＰＩＬ（Purpose In Life Test）を用いて測定したのですが、これはアウシュビッツを描いた『夜と霧』で有名な精神科医フランクル博士が開発したロゴセラピーに基づいて作られた質問紙です。

3つめの検討は、霊性豊かなメッセージを発している著名人にインタビューをして、そのライフヒストリーから、霊性が培われた背景と自然体験の関係を探るという試みでした。対象とした著名人とは、先にも取り上げた当時東京大学教授であった矢作直樹先生と、映画『地球交響曲』の龍村仁監督です。お二人とも、超ご多忙のさ中時間を割いてくれたわけで、これには深く感謝しております。敬愛するお二人のライフヒストリーを伺えるのですから、この仕事はとてもやりがいのある心躍る作業でした。そして期待通り、子供時代にまで遡《さかのぼ》った非常に興味深いお話を伺うことが出来たのでした。詳しいことは割愛しますが、インタビュー内容の質的分析から、豊かな霊性が培われた背景として、「自然に対する畏敬の念」「自然に対する感受性」「身体の叡智」などの概念を引き出すことができました。ここでもやはり、霊性と自然体験の関係を見出すことができたのでした。

以上3つの検討結果はいずれも、私たちの仮説であった「自然と霊性の密接な関係」を支持するものでした。もちろん個人差はあるでしょうし、霊性の発露の様相は人によって様々ですから一括りに断定することはできませんが、これらの研究結果は、やはり自然の中に身を置くことで霊性が養われることを示唆しています。

昨今、我々現代人の生活様式の中に「自然の要素」を取り入れる試みが色々な場面でなされてきています。それは見方を変えれば、現代人の生活が自然から離れていることの現われでしょうが、工夫して取り入れた「自然の要素」は私たちに安らぎや癒しを与えてくれるようです。やはり魂の深い所が、それを喜んでいるのだと思います。

では、自然がなぜ人々の霊性を醸成するのか。そのメカニズムは分かりません。我々人間も元来自然の一部ですので、その中に包まれる時、魂は安らぎを覚え本来の姿を取り戻すのかも知れません。霊性とは魂と関連する性質ですから。そして自然界にある存在は花も樹も鳥も動物も、更には岩や風や川でさえも、全て調和が取れて美しく、しかし寡黙で何も語りません。本当は多くのことを語っているのかも知れませんが、少なくとも私たち人間のように、声高に自己の主義主張を叫ぶことはありません。ただそこに在り、調和のとれた完全な姿を見せているだけです。時に荒々しい姿も見せますが、それさえも全体の調和を保つための流動的な営みと見ることができます。その在り様が、私たちの霊性に何かしら訴えかけるのではないか、と私は想像しています。

星野道夫の示したスピリチュアリティ

既に何度も紹介していますが、星野道夫という写真家がいました。「いました」……と過去形で書いているのは既に他界しているからです。アラスカの大自然に息づく動植物や人々の営みを、美しく透き通るような写真と文章で我々に遺してくれました。そして既に書きましたが、あふれ出る豊かな霊性を示した人でした。因みに、こんな文章を遺しています。

一本の木、森、そして風さえも魂をもって存在し、人間を見すえている。いつか聞いたアサバスカンインディアンの神話。それは木々に囲まれた極北の森の中で、神話を超えて語りかけてくるようだ。(15)

星野道夫が豊かな霊性を育んだ背景の一つは、アラスカの大自然の中で暮らしたことだと思います。先の研究結果が示唆するように、豊かな自然環境は豊かな霊性を醸成する可能性を持つのです。もう一つは、彼の交友関係だと思います。星野道夫は、霊性に根差して生きたアラスカ先住民族の人々と深い親交がありました。彼らと共に過ごす時間は、星野道夫をして物質的な世界からより根源的なスピリチュアルな世界へと導いたのだと思います。

Don't be afraid to talk about spirit!（魂を語ることを恐るることなかれ）

本書の冒頭で紹介したこのフレーズは、星野道夫を神話の世界に導いたクリンギット・インディアン、ボブ・サムの言葉です。彼は、クリンギット族に引き継がれる重要な神話の語り部でした。

先にも記しましたが、星野が亡くなってから既に四半世紀が経っているのですが、未だにその人気は衰えません。なぜ星野道夫は、亡くなって四半世紀も経つのにそんなに人気があるのか。それは、彼が遺した写真や文章に我々日本人が求めて止まない霊性が隠されているからだと私は考えます。星野道夫という人は、「目に見える形」よりもその背後に潜む「目に見えない本質」を大切にする人でした。星野道夫が表現したものは、写真という目に見える媒体を使いながら、実はその背後に隠された目に見えない本質であったように思えるのです。

では星野道夫によって表現された「日本人が求めて止まない霊性」とは何か。それを探ったのが、『星野道夫のスピリチュアリティ　―文学作品から日本人の志向するスピリチュアリティの一形態と、その多様性を考える試み―』[12]と題する研究でした。星野道夫の示した霊性の中に日本人の求める精神性の原点がある、と私は考えたのでした。

少し専門的になりますが研究の手順をごく簡単に説明すると、以下のような方法です。最初に、星野道夫全集全5巻（新潮社）を詳細に読み解き、霊性（スピリチュアリティ）に関連すると考えられる全ての文章を抜き取ります。その結果、324個のセンテンスが選ばれました。この324個の文章に対しKJ法という手法を用い、全体の概念化を試み、星野道夫が示した霊性の意味や構成要素を探ったのです。概念化の手順をごく簡単に説明すると、こうです。①一つひとつの文章を意味のあるまとまりに分解し、それぞれに内容を表わすタイトルを付けます。これを切片化と呼びます。②同じような意味を持つタイトル（切片）を集め、それをサブカテゴリーとし、これに意味付けをします。③更に同種の意味を持つサブカテゴリーを集め、最終的にできあがったものにタイトルを付け、それを概念とします。これを一人の作業で行うと、個人的な見解や解釈が色濃く反映され客観性が損なわれる危険性があるので、この手法を熟知しかつ専門分野の異なる3人の研究者が、それぞれの視点からこの作業を行い、議論を重ね最終的に意見を擦り合わせるのです。すんなりまとまる箇所もあれば、議論が噴出しなかなか結論を得られない部分もあり、この作業だけで約1年間の月日を要しました。最終的に得られた概念は既に何度も紹介しておりますが、【万物の繋がり(ワンネス)】、【自然との調和】、【古い知恵の継承】、【輪廻】、【年長者への敬意】、【目に見えない存在への想い】の6つでした。これらは、星野道夫が示した霊性の根幹であり、同時に日本人が無意識に求めていた精神性のエッセンスではないかと、私には思えるのです。これらの要素を当てはめると、こんな人間像が浮かび上がります。すなわち、万物の繋がりを肌で感じながら自然と調和する生き方を実践し、年長者への敬意を持ち、古くからの知恵や言い伝えを大切にして日々を送る。その傍ら、目に見えない存在に思いを馳せ、万物の輪廻を信じながら生きる人。そんな人間像です。自分が実践できるかどうかは別として、多くの日本人は知らず知らずのうちに、そんな生き方に憧れを持っているのではないでしょうか。

そして、このような思いを胸に生きる人が増えれば、世の中は自然に調和に向かうのではないかと思うのです。つまりは、日本人の精神性の中には世界を調和に導く遺伝子が潜在的に眠っているのではないか。少し大げさに言えば、その潜在的能力を活かし、世界調和を導くのは日本人に与えられた使命ではないかとさえ思うのです。

この他に私が行った霊性に関する研究としては、生きがいと死生観の関連性を探ったもの、気功が人のスピリチュアルな価値観に及ぼす影響を探ったもの、あるいは自然環境が人のスピリチュアルな事象の理解に影響を及ぼすことを探ったものなど、いくつかあります。内容は割愛しますが、いずれも原著論文として受理され、その内容のオリジナリティが評価されました。さらに、未だ論文にまとめてはいないのですが、学会で発表したデータが多数あります。これらの研究に没頭する時、私は時間を忘れ、いわゆる中今にあったのだと思います。言い換えれば、とても豊かで有難い時間だったと思います。幸せな研究人生でした。

研究活動とは違いますが、現在は講演会やその他のイベントを通じ、「星野道夫」や映画『地球交響曲』などを話題にしながら霊性の重要性を世の中に伝える仕事をしています。本書の執筆も言ってみればその一環であり、これが今生で私に与えられた使命であると今では思っています。

第四章　霊性を伝える人々

我々現代人に霊性の意味、そしてその重要性を教え示してくれる多くの人が存在します。示し方は実に様々です。論理的な説明、体験談、物語、映像、写真、音楽、絵画……実に多様ですが、やはり実体験に根差した話には説得力があります。ここでは、私が感銘を受け、霊性の真実を学ばせて頂いた幾人かの人たちを紹介したいと思います。全て私が直接関わり交流をもった方々です。みなさんも是非これらの方の著書や映像などその作品に触れ、霊性の神髄を味わって欲しいと願います。

矢作直樹

学者として研究者として、霊性の重要性を理路整然と伝える人が世界中に大勢います。その中で私が直接お話しする機会を持ち大きな影響を受けたのは、先に紹介した飯田史彦先生と矢作直樹先生です。矢作直樹先生と何度かお話しする機会を頂けたことは、本当に有り難いことです。先生に接していつも感じるのは、発する雰囲気の透明感です。肩肘張らず、いつも平常心の中に優しさを宿しています。明鏡止水という言葉がありますが、まったくそんな感じなのです。だから一緒にいると、こちらの心も静かで穏やかになります。先生のことは、一緒に作らせて頂いた『日本の約束 ~世界調和への羅針盤』（でくのぼう出版）(16) の中に書かせて頂きました。長いですが、その部分をそのまま引用します。

矢作直樹先生と初めてお会いしたのは、東大病院の先生のお部屋でした。忘れもしない、2012年の初夏です。なぜ覚えているかと言うと、その前年に例の「3・11」、すなわち東日本大震災があったからです。言うまでもなく、3・11がもたらしたインパクトは衝撃的でした。当時はまだその記憶も生々しく、メディアも連日のように3・11関連の話題を報じていたように思います。

私は普段、「ウエルネス」という〝人の生きる意味を問う〟というような内容の講義を担当しているのですが、その講義で学生に『世の中で起こる全ての事象には意味と価値がある。一見ネガティブに見えるような事にも、そこには深い意味が隠されている』などと、さも解ったようなことを述べています。では、あの未曾有の被害をもたらした3・11には一体どんな意味があったのか。想像を絶する悲しみを振り撒いたあの災害に、何の意味を見出せと言うのか。そう学生に問われた時に、答えに窮しました。答えを見つけようと自分なりに考えを巡らせたのですが、明快な答えは出ません。自分なりの思いはあっても、自信が持てません。あの頃、私のようにその答えを求めていた人は多かったのではないかと思います。そこで、当時『人は死なない』（バジリコ）を出版し、人生の意味や生死の意味、人の生き方などに言及されていた矢作先生に、その答えの一端を求めようと思い立ったのでした。具体的には『3・11を超えて：―僕らはどこを目指すべきか―』というシンポジウムを開催し、そこで矢作先生に3・11の意味について語って頂くというものでした。因みにこのシンポジウムでは、人知を超えた力の存在や、生きることの意味を考えるという趣旨から、この種のメッセージを投げかける映画『地球交響曲』を上映し、この映画の製作者、龍村仁監督にも同じ趣旨で語って頂きました。

本を読んでいるとはいえ全くの初対面ですし、高名な東大教授にお会いするということもあり私はかなり緊張して先生のお部屋を訪ねたのを覚えています。そんな私を矢作先生は、柔和な笑顔で迎えてくれました。お話し頂いたのは小一時間ほど。それも、あっと言う間に過ぎました。せっかくだから、あれも聞きたいこれも聞きたいなどと思っていたはずなのですが、シンポジウムへの出席を快諾頂いたほかは何を話したか覚えていません。はっきり覚えているのは、話を終えお部屋を辞する時、先生は東大病院の玄関口までわざわざ私を送って下さり、しかも頭を深々と下げてお見送り頂いたことです。そんなお気遣いを頂いてこちらは逆に恐縮至極だったのですが、先生の謙虚なお人柄に接することができた嬉しさと、シンポジウムが成功するであろうという期待感から、東大病院からの帰り道、私の心がとっても清々しい気持ちに満たされたことを鮮明に覚えています。もう一つ、私が書いた本に対する推薦文を頂いた時のことは感謝と共に忘れることができません。私が書いたとある本の推薦文を、ダメ元で先生にお願いしたことがありました。推薦文を書くのは、エネルギーを要する作業です。中身を全部読んで、著者の言わんとするポイントを的確に捉え、なおかつそれを読者に魅力的に伝えなければなりません。先生は「良い本を書きましたね。何字くらいで書きましょうか」と言って下さり、僅かな時間でこちらの要望通りの字数で文章を書いてくれました。しかもその内容が、ものの見事に私の言いたかった事の核心を突いていたのです。あれには感服しました。細かいところまで一字一句逃さず読み込んで書いてくれたのが、著者の私には解りました。ご自分の睡眠時間を削って丁寧にこれを書いて下さった先生の誠実なお人柄に感動し、心底嬉しかったことを覚えています。当時矢作先生は東大の教授を務める傍ら医学部附属病院救急部・集中治療部部長という要職に在りました。そこで、不眠不休で働いていました。〝不眠不休〟と書いたのは大げさでも何でもなく、昼間は病院勤務、夜は徹夜でご自分の研究、２～３日連続で徹夜をするというのは当たり前で年間の労働時間は６０００時間を超えたそうです。国が定める年間労働時間の上限が２０００時間程度ですから、これだけ見ても異常な働きぶりが伺えます。つまりは、ご自身の眠る時間を削るほど多忙を極めていた訳で、それを思うと、もしかしたら理不尽なお願いの数々だったのではないかと、改めて恐縮してしまう次第です。

矢作先生が東大病院でなさった多くのお仕事の中で、とても重要だったことの一つに、「病院内にコードブルーを敷いた」ことが挙げられます。コードブルーというのは一刻を争う緊急事態、緊急患者などが発生した時に、出動可能な複数部局のスタッフが瞬時に集まり、協力して事態に対応するシステムの事です。『人は死なない』を読んで驚いたのは、かつての東大病院の評価として、病院スタッフは身内の誰かが病気になった時に、「東大病院だけには入れたくない」という評判があったそうです。天下の東大病院ですから、にわかには信じ難いことです。しかし、先生がそう書かれているのですから、事実だったのでしょう。先生は、このような状況を改善するため病院改革に邁進されました。その甲斐あって現在では逆に、「身内の者を安心して入れたい病院」に生まれ変わったそうです。先のコードブルーの確立も、その改革の一つでした。

『人は死なない』に記されたことは、現役の医学部教授が書く内容としてはかなり異端です。タイトルの〝人は死なない〟とは、人間の肉体は死滅しても人間の本質である霊魂は不滅である、すなわち〝人は死なない〟、とする考えを表したものです。もちろんここに書かれている事柄は、霊魂の存在や輪廻の可能性だけではなく、むしろ内容の本質は、霊性の重要性をベースとして人間の〝生きる意味〟、〝本来の生き方〟などを説いたもの、と私は解釈しています。しかしそうであっても、ＥＢＭ（evidence-based medicine：科学的根拠に基づいた医療）が発想の根幹を成す医療の世界にあって、現場の医師があの世の存在や、目に見えない世界の存在を一般に向けて堂々と肯定するのは大変なことだったはずです。病院内や学会では相当な風当りだったことでしょう。それでも、先生が医学の世界で排除されず素晴らしい業績を残されたのは、命を削って成された先生のお仕事ぶり、実績、お人柄がそのような雑音を吹き飛ばしたのだと思います。

矢作先生は無私の人です。もちろんお金の持つ力は認めているのでしょうが、個人的な蓄財にはほとんど興味が無いように見えます。その証拠に、東大在職中は自分の家を持たず常に大学病院暮らしで、車は持たず、派手に装う事もなく、お酒や美食にも興味が無いと言います。因みに先生は、牛、豚、鶏などのいわゆる肉は食べません。財産は多数の蔵書くらいだと言います。何となく、私が心から敬愛する宮沢賢治の「雨ニモマケズ」に出てくる〝デクノボー〟を彷彿とさせます。余談になりますが、宮沢賢治も霊の世界が見えていたようで、それがあの素晴らしい作品の数々に反映されていたのです。もちろん、矢作先生がデクノボーである訳はないのですが、無欲な所と質素な生活を旨とするあたりはそっくりです。

そんな矢作先生は、若い頃登山にのめり込んでいました。私自身も学生時代から現在に至るまで、登山を趣味として続けています。しかし、矢作先生の登山は、尋常な山登りではありません。単独で厳冬期の北アルプスの主稜線を30～40日かけての縦走計画。後立山連峰の白馬岳から槍ヶ岳を通り最終的には南岳辺りまで歩く計画だったそうで、これは登山経験者なら解りますが、比較的安全な夏場でも普通できません。というより、普通そんな無謀なことは考えません。なにせ冬場は、途中で食料補給ができません。そのため、一か月分以上の食料、燃料、テント、寝袋、ピッケル、アイゼンなどの登山用具を一人で背負うわけで、ザックは異常な重さです。平坦な道を歩くのでさえ、よろけてしまう重さです。ましてや厳冬期の北アルプスでは猛吹雪は当たり前で、難しい岩稜もあり、そこをたった一人で行くわけですから、文字通り命懸けになります。夏は夏で、日本有数の岩登りのメッカである穂高岳屏風岩をフリーソロで登ったようです。屏風岩というのは、この山域に聳《そび》える約300mにも及ぶ大岩壁です。そしてフリーソロというのは、自分の身を確保する支点を一切取らずに登る方法で、一度足を滑らせれば、それは即ち墜落を意味します。つまりはこれも、命懸けの登山です。そんないつ墜落してもおかしくない登山を続けていた先生は、やはり墜落しました。冬の北アルプスの稜線から1000mも滑落しているのです。しかも2回も。普通は死にます。しかし、先生は2度とも助かっています。なぜ助かったのか。それは、先生は死ぬことが許されない存在だったからだと私は思います。矢作先生は、混迷する今の時代にあって特別な使命を託された人です。大きな分岐点を迎えているこの時代に、我々が道を誤らないための羅針盤として出現した人です。先生言うところの〝宇宙の摂理〟が遣わした魂だと思うのです。だから、簡単に死ぬことは許されない。因みに、この2回目の滑落の時に、先生は霊聴を聞いています。誰もいるはずのない山中に響き渡った『もう山には来るな』という声だったそうで、それ以降先生は憑物が取れたように登山熱が冷めたと言います。やはり宇宙の摂理は、先生の使命を全うさせようと働いているようです。

東京大学を退官され現在は名誉教授となった矢作先生ですが、最近になって、日本や日本人の在るべき姿に関して多くのメッセージを発信しています。そこでは、天皇陛下を戴いている日本の特性や日本人の在り方、世界の大きな枠組みの中での日本の立ち位置や役割、歴史的背景を基に考察した日本人の進むべき方向性などを示唆しています。さらに、私たちが霊性と共に日々を穏やかに過ごすためのノウハウを示唆しております。コロナウイルス騒動の下では、状況の正しい理解と我々の取るべき行動に関して、科学的なデータを示しながら丁寧に解説して頂きました。『人は死なない』（バジリコ）(3)を始め、数多くの著書を執筆されている先生ですが、霊性の本質を理解するために、そして私たちが日本という国に生まれた意味を理解するために、是非先生の著作、ご講演に接して欲しいと願います。

長堀　優

矢作先生もそうでしたが、現場の医師として、霊性の重要性を訴える方がおります。私が敬愛して止まない長堀優先生です。やはり『日本の約束　～世界調和への羅針盤』（でくのぼう出版）(16) に書かせて頂いた長堀先生の紹介文章をベースに、先生のことをお伝えしたいと思います。

長堀先生は矢作先生と同様、大きな役目を負いこの時代に遣わされた人に違いありません。その風貌は温厚なサムライという感じであり、その魂にはこの世界を調和に導こうとする強い意志が刻み込まれているようです。現役の臨床医であり、更に病院経営も担う病院長というお立場であれば、それだけで多忙でないはずがありません。しかし先生のご活躍は病院内だけで止まらず、数多くの講演やイベントをこなし、その眼差しはいつも日本の平和、そして世界の調和を見据えています。ご自分の事は後回しにして、命を削って使命を果たされているのです。それでも律儀な先生は、私と会った時には嫌な顔ひとつせず必ずお酒に付き合ってくれます。実は先生も、私と同じでお酒が大好きなようです。私は常々思うのですが、ご自分の使命を認識しそれに邁進している方はどこか輝いて見えます。それがどのような活動であろうと、そういう人はある種のオーラを帯びています。だから、長堀先生の眼光はいつもオーラを帯び明るく輝いているのだと思います。

長堀先生のお人柄をご紹介するために、先生が院長を務める「育生会横浜病院」のことに関して少し触れておきたいと思います。まず驚くのは、この病院には何とモノレールがあるのです。こう書くとまるで子供の遊園地みたいですが、そうではなく、大通りから病院に続く坂道に高齢の方が困らないようにと病院独自のモノレールを敷いているのです。病院であろうと、学校であろうと、坂の上にあるからモノレールを敷くなどという発想は凡人には普通出てきません。これは、先生が地域住民を大切にしていることの現れで、病院のモットーは「利他＝人のために働くこと」。愛にあふれる病院なのです。

もう一つ、私が大きな安らぎを感じるのは、この病院のポリシーとして、「死」を必ずしも全面否定していないという点です。長堀先生は、病院長として以下のように語ります。

人間は結局、最終的には誰もが亡くなっていきます。だからこそ一瞬一瞬を大事に生きて、最期は悔いなく旅立とうというのが東洋哲学の教えです。死を迎えるにあたってそれを受け入れ穏やかに旅立っていく、それを支える医療も必要だと医療者として感じています。

さらに、次のようにも話します。

健康的な死、というものがあると私は考えます。

長堀先生の発想は死を必ずしも「敗北」ではなく、むしろ「新たな旅立ち」と捉えている訳で、先生はこれを「見送る医療」と表現されています。死をしっかり見つめるからこそ、日々を悔いなく大切に生きることができる。この考えは、私が「ウエルネス福祉論」の中で講義する内容そのままです。多くの病院では、未だに「死」を忌み嫌い、患者をがんじがらめにしてまでも「生」に縛り付けようとする傾向にあります。果たしてそれは、愛ある行為と言えるのか。患者にとって有り難いことなのか。人生の成否は、その長さとはあまり関係ないと思うのですが、自分の人生の最期が何となく見えてきたとき、無理やり「生」に留められるよりも、その旅立ちを優しく支援してもらえる方が、日々を安らかに過ごせるのではないでしょうか。先生は、生き切った高齢者を介護し、看取ること、そしてそのご家族を励まし支えることも、医療に与えられた重要な役割だと考えているのです。

長堀先生はスピリチュアルな感性に満ち溢れ、目に見えないものの存在や価値を認める人です。そのことは、ご高著『見えない世界の科学が医療を変える』（でくのぼう出版）(4)や『日本の目覚めは世界の夜明け』（でくのぼう出版）(17)などに記されていますが、医師として患者の命を見つめてきたご自身の臨床体験や、東洋哲学の叡智、そして近年の量子力学の知見などを学ばれた結果、そのような境地に至ったようです。病院で稀に見られるという幽霊現象や、高齢の患者さんがしばしば見せる「お迎え現象」などが影響したのかも知れません。先生のこの価値観は随所に発揮され、以前勤務された病院では西洋医学偏重の現代医療に一石を投ずべく、東洋医学や代替医療の優れた側面を取り上げ、講演会やシンポジウムなどを数多く開催してきました。それらのイベントでは、医師の他ヒーラー、セラピスト、アーティスト、僧侶、研究者など多様な叡智の示唆を得ながら、最終的な目的は、『心を見つめ、いのちを見守る愛の医療』を追求していたのです。ご自身の医師としてのお仕事の他に、このような活動をなさったわけですから、その情熱や使命感には本当に頭が下がる思いです。ところが、これらのイベントに対する周囲の評価は必ずしも芳しくは無かったようです。なぜならば、現代科学でハッキリと証明できない事象は、たとえそれが有効に働く可能性を秘めていても認めないのが現代医学の常識……だからです。かなりのバッシングも有ったようですが、ご自身の使命を知る先生は今日まで淡々と信ずる道を歩いてきました。長堀先生は、世間の常識に惑わされず自分の信念を貫く矜持を持った人なのです。しかし、そもそも世間の言う「常識」とは何でしょう。相対性理論で有名なかのアインシュタインの言葉を借りれば、『常識とは18歳までに集めた偏見のコレクション』だそうです。流石《さすが》、アインシュタイン。けだし名言だと思います。常識に囚われず自由に発想できたからこそ、彼にはそれまでの科学の枠組みを超えた偉大な理論の構築ができました。この他にもこの病院では、落語、映画の上映会、クリスマス会、アロマテラピー、コンサートなど、一風変わったイベントが多数行われています。愛に満ちた常識に囚われないイベントの数々は、長堀院長のポリシーを物語っているのでしょう。

長堀先生のライフワークとも言うべきもう一つのテーマは、膨大な文献研究から「秘められた古代日本の真の姿」を現代にあぶり出し、それらの事実から現代人が学ぶべき示唆を明らかにすることです。ここでの知見は私たちの創造力を刺激して、古代人達の魅力に満ちた叡智と行動力を垣間見せてくれます。長堀先生のご著書を拝読すると、自分がまるで古代にタイムスリップし、その時空を旅しているようで本当にワクワクするのです。以下、『日本の目覚めは世界の夜明け』（でくのぼう出版）(17) からそれらの一端をご紹介しましょう。

・縄文時代に埋葬された人骨からは争った形跡がない。つまり縄文時代は、豊かな風土に恵まれ、世界にも類を見ない高度な文明を築き、1万年以上にもわたって集団で人が殺しあうことのなかった平和な時代だった。
・シュメール文明（メソポタミア）が世界最古の文明であるというのが定説だが、縄文人たちは、このシュメール文明の人達と交流していた。つまり、古代人達は、私たちの想像をはるかに超えて、ワールドワイドな活動を展開していた。
・ケルト、シュメール文明で使われていた古代文字や、ハワイで発見された記号とそっくりな文様が、遠く離れた日本で発見されている。これらの事実を踏まえ、ハーバード大学も、縄文土器文化を持った移動型海洋民が、シュメールやケルトの海洋民と何らかのつながりがあったことを推測している。

・近畿大和朝廷成立以前に、壮大な土木建築を行い、かつ西域と交流する強大な権力が日本に存在した。
・島根県出雲市の荒神谷遺跡で発見された、銅剣、銅鐸などは、古事記にあるオオクニヌシの「国譲り」神話が史実であった可能性を示唆する。
・日本人の祖先には、シルクロードを経て渡来した古代イスラエル人の血が流れている可能性がある。
・日本の神道文化と、古代イスラエルの宗教（ユダヤ教）文化には、多くの類似性がある。また、両者の繋がりを示唆する文字、言葉、習俗など多くの状況証拠がある。

などなど……

もちろんこれらの論考は、仮説の域を出ません。しかし多くの状況証拠を素直に見れば、これらの仮説を否定するのはかえって不自然です。物質的な価値観ばかりが偏重される現代社会において、「目には見えないもの」や「証明できないもの」に思いを馳せる想像力は、今を生きる私たちの心をとても豊かにしてくれるような気がします。そして詰まる所、ここに活躍する古代人達の遙かなる足跡を紹介しながら、長堀先生は我々日本人が潜在的に持つ大きな可能性を示し、次のように訴えかけます。

全ての存在に靈性を感じ、厳しくも慈しみ深い自然を崇拝し、人、そしてすべての生き物と共存し、愛と調和の中で平和な社会を営んでいた縄文時代、この時代の生き方を思い出し、世界に広げていくことこそが、現代に生きる私たち日本人の使命なのではないかと私は思います。

以上のように、現役の医師でありながら多彩な活動をなさる先生ですが、最近、『いざ、霊性の時代へ　～日本が導くアセンションへの道～』（でくのぼう出版）(18)を上梓されました。そこには、現代のグローバル社会の裏で暗躍する国際銀行家、さらには彼らを操る組織の意図を読み解き、これに対応して、如何にして霊性に満ち溢れた共助の社会を構築すべきか、が具体策事例も挙げながら分かり易く説かれています。その過程において、日本人に本来備わっていた利他の精神や価値観がいかに重要であるか、が説かれています。そしてＧＨＱの教育政策によって植え付けられた自虐的歴史観から日本民族の精神を解放し、「八紘一宇」という言葉が持つ本来の意味を理解することの重要性が説かれています。さらに、これらの意識を多くの日本人が共有し、民族としての集合意識に刻まれた時、アセンション、いわゆる次元上昇により、この世界が霊性を基調とした愛の世界へと変容して行くのではないかと説いております。正に、私たち現代人が進むべき方向を示す羅針盤のような書物です。是非とも多くの皆様にお読み頂きたいと思います。

星野道夫

星野道夫は、私にとってとても大切な人です。なぜなら、彼こそは私に「自然と霊性」の関わりを教えてくれ、同時に「学生に何を伝えるべきか」を教えてくれた大恩人なのです。このように書きましたが、星野道夫という人は、声高に霊性の重要性を諭すような文章は一行も書いておりません。飯田史彦先生や矢作直樹先生のように、論理的に霊性の意味を語ったわけでもありません。彼は愛に溢れる眼差しでアラスカの大自然を見つめ、動植物や人々の営みを写真に収め、秀逸な文章で私たちに届けてくれました。しかしそれらの根底には、静かな霊性が横たわっていました。星野道夫の存在を知った当初、私は彼の写真に魅せられ、アウトドアでの冒険に満ちたその足跡に惹かれました。当時山登りやカヌーの川下りに熱中していた私は、彼が旅したアラスカの原生自然に強い憧れを覚えたのです。しかし、ある時気付いてみると、星野道夫の文章や写真に表現された「静かな霊性」を感じ取る自分がいました。その部分に無性に惹かれる自分がいました。以来、星野道夫が示した霊性は私の重要な研究対象になったのでした。ところで、正直に言うと私は生前の星野さんと話をしたことは一度もありません。今となっては、それが返す返すも残念です。機会を作ればお会いできたのでしょうが、当時は、まさかあのような事故で突然他界されるとは夢にも思っていませんでした。

星野道夫を題材に、これまでに2冊の本を書かせて頂きました。それらは、私にとって大切な宝物です。星野道夫について何かを書き、何かを語る時間は、私にとって貴重な自己表現の時でもあるのです。少し大げさですが、星野道夫を若者たちに伝えること、そして広く一般に伝えることは私の大切な使命だと思っています。星野道夫のことを書きだすと際限なく続きそうですので、ここでは少し控えます。あくまでも霊性に焦点を当て、彼を紹介したいと思います。

先にも記しましたが、星野道夫の示したスピリチュアリティ（霊性）は、【万物の繋がり】、【自然との調和】、【古い知恵の継承】、【輪廻】、【年長者への敬意】、【目に見えない存在への想い】の6つの要素に集約されました。ここで示された6つの要素は、物質的繁栄が最優先とされるような風潮の中、私たちが平和な社会を構築するうえでとても大切な思想の源になります。では以下に、星野道夫が静かな霊性を示した具体的な記述を紹介し、みなさんと一緒に味わってみたいと思います。自分の研究対象であっただけに少し詳細になりますが、みなさんも星野道夫の霊性を心の中で噛みしめてみてください。

町から離れた場末の港には人影もまばらで、夕暮れが迫っていた。知り合いも、今夜泊まる場所もなく、何ひとつ予定をたてなかったぼくは、これから北へ行こうと南へ行こうと、サイコロを振るように今決めればよかった。今夜どこにも帰る必要がない、そして誰もぼくの居場所を知らない……それは子ども心にどれほど新鮮な体験だったろう。不安などかけらもなく、ぼくは叫びだしたいような自由に胸がつまりそうだった。(19)

これが高校生の言葉でしょうか。若干16歳の少年が、長い船旅の果てようやく異郷の地アメリカに着いた時の感想でしょうか。当時の日本は、今のように誰でも簡単に外国へ行けるような時代ではありません。周りに外国へ行った人などまず皆無で、1ドルが360円もした頃でした。それを考えると、16歳の少年がこのような旅をすることは、当時の常識ではあり得ません。今のように、携帯電話やインターネットが使える時代ではないので、一度旅立てば帰るまで連絡の手段はなく消息もつかめないのです。ましてや英語も覚束ない高校生の一人旅です。しかし高校生の星野道夫は、心に不安のカケラすら持たず、進駐軍放出の大きなリュックサックと共に夢のような旅の日々を過ごしたのでした。

このくだりは一見霊性と無関係と思われるかも知れませんが、実はここに星野道夫が示した霊性の大切な要素が含まれています。それは、「中今」に生きるということです。中今とは先にも述べましたが、過ぎ去った過去をクヨクヨ悔やまず、未来に思いを馳せながらも過剰に憂うることはなく、今を全力で生きることです。これは霊性の核とも言える重要な要素です。星野道夫という人は、生まれながらにしてこのセンスを備えていたのだと思います。

自然に対する畏敬の眼差し。これは、私たちが備えるべき霊性の重要な一つの要素です。そしてこの姿勢は、星野道夫の行動の随所に見て取ることができます。星野道夫はアラスカの大自然の中を行くとき、熊の恐怖を感じながらも銃を持ちませんでした。時に無謀とも映るその行動が批判の眼差しに晒されようが、決して銃を持とうとはしませんでした。その時の心境を、次のように述べています。

いつか、ライフルを持って長期の撮影にはいったことがある。じつに安心だった。けれども、どこかで自分の行動がとても大胆になっていたような気がする。最終的には銃で自分を守れるという気持ちが、自然の生活の中でいろいろなことを忘れさせていた。不安、恐れ、謙虚さ、そして自然に対する畏怖のようなものだ。(15)

また、映画監督 龍村仁が撮ったとあるインタビュー映像の中で星野は次のようにも語っています。

どこか近くに熊がいて、いつか自分が殺《や》られるかも知れない、と感じながら行動している時の、あの、全身の神経が張りつめ、敏感になりきっている感覚が僕は好きです。あるインディアンの友人が言ってたんだけど、人類が生き延びてゆくために最も大切なのは、〝畏れ〟だって。僕もそう思います。我々人類が自然の営みに対する〝畏れ〟を失った時滅びてゆくんだと思うんです。今僕たちは、その最後の期末試験を受けているような気がするんですよ。

映画『地球交響曲 第三番』「星野道夫」

星野道夫は銃を持つことによって精神が弛緩し、と同時に自分の中から大自然への畏敬の念が薄れてゆくのを恐れました。自分が強くなったと錯覚し、上から目線で自然の営みを観てしまうことを嫌ったのです。人間など及びもしない自然の持つ圧倒的な雄大さを表現するとき、この上から目線の持つ傲慢さが無意識のうちに自分の目を曇らせてしまうことを、彼は知っていたのでしょう。銃に守られたなら、もしかしたらもっと大胆な迫力あるシーンを撮れたかも知れない。しかし彼は安全が確保された中で、自分の欲求を拡大させて大胆に振る舞うことを嫌ったのでした。私たち現代人が思い出すべき、自然に対する大切な態度だと思います。

自然と人間との関わりを考える時、「命の連鎖」は大切な視点です。私たちは大自然の生態系の中で、命をやり取りしながら生きています。食べることによって、食べられることによって、命は繋がれてゆきます。食べるということの根源的な営みの前に、本来自然も人間も平等なのです。イヌイットの言葉で白熊のことをナヌークと言いますが、『ナヌークの贈りもの』という星野の作品の中に次のような一文があります。

われわれは、みな、大地《だいち》の一部《いちぶ》。おまえがいのちのために祈《いの》ったとき、おまえはナヌークになり、ナヌークは人間《にんげん》になる。いつの日《ひ》か、わたしたちは、氷《こおり》の世界《せかい》で出会《であ》うだろう。

そのとき、おまえがいのちを落《お》としても、わたしがいのちを落《お》としても、どちらでもよいのだ(20)

この神話の世界を映したような写真絵本が出版された半年後、星野はヒグマに襲われ命を落とします。まるで、自分の死までをも予言するような物語でした。これは全く私の個人的な解釈ですが、星野道夫はこのヒグマと対峙したとき、自分の死を受け容れて逝ったのではないかと思います。少なくとも彼の魂は、穏やかな気持ちでクマと対峙したのではないかと思います。

神話は霊性と関わる大切な存在です。星野道夫がワタリガラスの神話に興味を持ち、そのルーツを求める旅をしたことはよく知られています。彼は我々が生きていく上での神話の重要性を常々指摘していました。例えば、ある講演会の中で次のように述べています。

僕たちが今、どんな時代に生きているかを考えると、本当にいろんなものが便利になって、テクノロジーとかそういうものでどんどん新しい世界に入っているけれども、同時に非常に大きなものを失ったというのは、こういった神話、自分たちの神話というものがもはやない、そのことがやはり非常に何か不安というか、自分たちをどうやって世界や宇宙の中で位置づけていいか分からないのではないかという気がしてならないんですね。(21)

さらに次のようにも述べています。

人間の歴史は、ブレーキのないまま、ゴールの見えない霧の中を走り続けている。だが、もし人間がこれからも存在し続けてゆこうとするのなら、もう一度、そして命がけで、ぼくたちの神話をつくらなければならない時が来るかもしれない。(19)

アメリカの著名な神話学者ジョーゼフ・キャンベルは、神話には次のような役割があると述べています。すなわち、①神話は宇宙の成り立ちを説明し、自分が何者であるかを教えている。②神話は、神秘的な物の前で謙虚になり畏怖の念を抱くことを教えている。③神話は社会秩序を支え、どんな状況の中でも人間らしく生きるためには、どうすべきかを教えている。その上で彼は、「私たちは今日、自然の知恵と元どおり和解することを学ばなくてはなりませんし、動物と、そして水や海とも兄弟であることをもう一度自覚すべきです」と述べています。(22)このジョーゼフ・キャンベルの提言こそは、現代人が思い出すべき重要な考えです。星野道夫が愛したアラスカ先住民の神話には、先住民の社会に根付く人間と動物たちとの、言い換えれば人間と自然との、ある種の契約に基づいた共生関係、相互の敬意に基づいた調和の関係が見て取れます。ややもすると自然との調和を欠き、テクノロジーだけが暴走しそうな現代社会において、そうした動きを抑制し、羅針盤のように自分たちの立ち位置を確認するための拠り所として、神話が重要だと星野道夫は述べているのです。

クイーンシャーロット島のトーテムポールを巡る西洋近代文明と先住民との対立について、星野道夫は価値観という視点で書いています。近代西洋文明は圧倒的な勢力の下、世界地図を単一の価値観で染め抜こうとする動きを見せました。その価値観とは、目に見えるもの、つまりは物質的なものに絶対的な価値を見出そうとする考えです。近代文明は、島のトーテムポールを人類史上の貴重な資料として、また価値の高い美術品として管理保存しようとするのです。しかし一方、トーテムポールを遺したハイダ族の子孫たちは、彼らの神聖な場所を朽ち果てるままにしておきたい、自然のサイクルに委ねたいと考えるのです。彼らの思いは、こうです。

「その土地に深く関わった霊的なものを、彼らは無意味な場所に持ち去ってまでしてなぜ保存しようとするのか。私たちは、いつの日かトーテムポールが朽ち果て、そこに森が押し寄せてきて、すべてのものが自然の中に消えてしまっていいと思っているのだ。そしてそこはいつまでも聖なる場所になるのだ。なぜそのことがわからないのか」(23)

この場合の「自然の中に消えてしまう」というのは、すなわち無に帰することではありません。これを無に帰すると理解するのは、近代文明側の考えです。先住民の考えは、単に、「目には見えなくなる」というだけの意味です。いやむしろ、魂としてそこに存在するという意味です。この理解の相違にこそ、両者の対立の本質があります。この話を聞いて星野道夫は、以下のように記します。

その話を聞きながら、目に見えるものに価値を置く社会と、見えないものに価値を置くことができる社会の違いをぼくは思った。そしてたまらなく後者の思想に魅かれるのだった。夜の闇の中で、姿の見えぬ生命の気配が、より根源的であるように。(23)

星野道夫は、あらゆることを西洋文明の価値観で推し量ることの危うさを感じたのだと思います。目に見えるものに価値を置く社会と、目に見えないものに価値を置くことができる社会。両者の間に優劣は無いかも知れませんが、我々の価値観がどちらか一方に偏りすぎることには、やはり危うさを感じます。そして今、私たちの社会は「目に見えるもの」に価値を置き過ぎているのではないでしょうか。目に見えるもの、お金やそれで買える品物。目に見えないもの、心や魂。どちらも大切なはずですが、普段、私たちはどちらを向いて生きているでしょうか。例えば自身のライフスタイル。ついつい若さを求めがちですが、老いて朽ちてゆくことは自然なことであり、とても健全な推移です。若さという目に見える価値に代わり、経験という目に見えない価値が蓄積されます。若い世代に自分の場所を譲り、自身はやがては見えない世界に移行する。その結果、自分にはなかった新たな発想が新しい世界を創る。目に見えなくなることは、存在が無に帰することではなく新たな可能性を創造することなのかも知れません。そんな思いを抱かせてくれるトーテムポールの物語です。

星野道夫はある時、アドミラリティ島にある太古から続く森で野営をしました。その夜は満天の星空でした。漆黒の夜空と星々は、星野道夫にこんな想いを抱かせます。それは、彼岸への想いでした。

頭上には、北の国の星座、北斗七星がよこたわっている。その杓を五倍に伸ばした場所に北極星。それは子どもの頃、反芻するように覚えた星の世界だった。が、あと一万数千年もたてば、その北極星の場所さえ他の星にとってかわられるという。すべての生命が動き続け、無窮の旅を続けている。一見静止した森も、そして星さえも、同じ場所にはとどまってはいない。

ぼくは、〝人間が究極的に知りたいこと〟を考えた。一万光年の星のきらめきが問いかけてくる宇宙の深さ、人間が遠い昔から祈り続けてきた彼岸という世界、どんな未来へ向かい、何の目的を背負わされているのかという人間の存在の意味……そのひとつひとつがどこかでつながっているような気がした。

けれども、人間がもし本当に知りたいことを知ってしまったら、私たちは生きてゆく力を得るのだろうか、それとも失ってゆくのだろうか。そのことを知ろうとする想いが人間を支えながら、それが知り得ないことで私たちは生かされているのではないだろうか。(23)

私も星野が言うように、「本当に知りたいことを知り得ないことで、しかし、そのことを知ろうとする想いに支えられ、私たちは生かされている」ように思います。私は、星野道夫が「輪廻」を信じていたと思います。もちろん確証はありません。がしかし、少なくとも輪廻を前提とした文化や価値観を共感の眼差しで見つめていました。従っておそらく彼は、人間が究極に知りたいことの一つ「彼岸」の存在も信じていたのだと思います。理屈ではなく直感として。しかし、「信じる」ことと「分かる」ことは違います。信じてはいたけれども、分かってはいなかった。つまりは私たち同様、その実体を知らなかったからこそ、見えない彼岸に希望を託しながら生きて行けたのだと思います。悟りを開いた賢人は別として、私たち人間の心とは不安定なものです。星野道夫は人の心を見つめ、その虚《うつ》ろさを次のように語ります。

人間の気持ちとは可笑《おか》しいものですね。どうしようもなく些細な日常に左右されている一方で、風の感触や初夏の気配で、こんなにも豊かになれるのですから。人の心は、深くて、そして不思議なほど浅いのだと思います。きっと、その浅さで、人は生きてゆけるのでしょ

う。(19)

人の心は、時に深く、そして浅い。そして人間は、その振幅の中で明日への希望を求めながら「今」を精一杯生きるのでしょう。その営みの、なんと愛おしいことか。

最後に星野道夫の旅の情景を、少しだけ紹介したいと思います。星野道夫は、なぜこのように霊性豊かな人になったのか。自然の中に身を置くことで、豊かな霊性が醸成されるという研究結果があります。もしかしたら、アラスカの大自然が豊かな霊性をもたらした要因の一つかも知れません。

夕暮れ近く、コバック川を離れ、私たちはハント・リバーへ入っていった。これからはブルックス山脈の谷へと向かい、川を北へ遡ってゆく。川幅は急に狭くなり、両岸のヤナギの繁みが迫ってきた。あたりはハイブッシュクランベリーのかぐわしい秋の匂いがたちこめていた。水は水晶のように澄み、深い川底まで見透せる。僕はカップに川の水をすくい、一気に飲み干した。

ハント・リバーとの出合いから、三十分ほど上った川辺で、私たちは野営をすることにした。立ち木を組み、キャンバステントを張り、小さな薪ストーブを中に入れる。流木を集め、火をおこし、湯をわかす。テントの煙突から白い煙が立ち昇り、コーヒーのかおりがあたりに漂ってくると、やっとホッとした。こんな野営が何ごとにも代え難く好きだった。幸福を感じる瞬間とは、ありふれていて、華々しさのない、たまゆらのようなものだった。(24)

これほど豊かな自然に触れるのは難しいのでしょうが、私たち現代人も時に自然の中に身を置き、耳を澄ませて自然の声を聴く必要があるのではないでしょうか。

龍村 仁

『地球交響曲（ガイアシンフォニー）』という不思議な映画があります。映画監督、龍村仁氏が撮った映画です。この映画のどこが不思議かというと、1992年の初上映以来、ほぼ自主上映だけに支えられ、実に250万人もの観客動員があったのです。一般の映画館での上映ではなく、草の根の自主上映だけでこの数字ですから驚きを禁じ得ません。しかし実際に映画を観れば、この数字にも納得できます。素晴らしい映画なのです。現在八番まで完成したガイアシリーズですが、この自主上映の動きは四半世紀以上経った今でも続いています。『ガイアシンフォニー』のガイアというのは、ジェームズ・ラブロック博士の提唱した『ガイア理論』から取ったものです。すなわち、地球はそれ自身が一つの生命体である、という考えです。美しい映像と音楽で織りなされるこのドキュメンタリーの背景には、このガイア理論が脈々と流れています。動植物を含めた全ての自然は心を持って人間と接していること。時に科学の常識を超えて発揮される人間の業、その根底には豊かな霊性が流れていること。

そんな森羅万象の真理が、見事に描かれているのです。そして、そのベースには龍村仁監督の持つ人間への揺るぎない愛が溢れています。

この映画の根底には人間の持つ「霊性」が描かれているのですが、龍村監督は霊性に関して次のように述べています。

21世紀は、人類のあらゆる営みの基盤にやわらかな〝霊性〟(スピリチュアリティ)が求められる時代になって来ると思います。教育、文化、芸術の分野ではもちろんのこと、従来は〝霊性〟とは縁遠いと思われていた政治、経済、科学などの分野でも、それが最重要な課題になってくると思うのです。なぜなら、〝霊性〟を持たない人類の営みが、我々人類だけでなく、この地球の全生命の未来を危うくしていることに、もう誰もが気づき始めているからです。

〝霊性〟とは、私たちひとりひとりが、日々の何気ない営みの中で、「自分は、母なる星地球(ガイア)の大きな生命の一部分として、今ここに生かされている。」ということを、リアルに実感できる、その力のことをいうのです。

自分の内なる〝霊性〟に目覚めることによって、人は謙虚になります。

日々の出来事に対して、感謝の気持ちを持って対処できるようになります。自分以外の生命のことを、本気で考え、行動し、祈る、ことができるようになります。遠い未来を想い、遥かな過去を感じる力だって増してくるでしょう。見えないものを見る力、聴こえない音を聴く力だって甦ってくるかもしれません。そしてそのことが、結局、自分自身を最も幸せにするのだ、ということに気づき始めるのです。（後略）(f)

龍村仁は、霊性に目覚めることが結局、自分自身を最も幸せにする、と言います。私たちが霊性に目覚めるとき、母なる星ガイアも、そしてその一部である人間も幸せになる、と言うのです。では、そんな人間龍村仁とその思想をみなさんに紹介したいと思います。

シンクロニシティという言葉があります。「本来あり得ないような偶然の一致」や「虫の知らせ」などのことで、日本語では「共時性」「同時性」などと訳されます。例えば、会いたいと思っていた友人と町で偶然出会う、読みたいと思っていた絶版本を旅先の古本屋で見つけてしまう、電車が事故で止まってしまい途方に暮れている時に、偶然通りかかった知人の車に送ってもらい重要な会議に間に合う、などという出来事です。これを「単なる偶然」と言ってしまえばそれまでですが、こんな偶然が頻繁に起こると、人はそこに何かの意味を見出したくなります。

映画ガイアシンフォニーの作成過程では、このシンクロニシティが数え切れないほど起こりました。龍村仁が何か障害にぶつかり事態が膠着した時、このシンクロニシティは頻繁に起こり、その都度龍村はそれに救われたのです。いくつか紹介してみましょう。

野澤重雄氏は、たった一粒の普通のトマトの種を巨木にまで育て上げ、その一本の木に1万3千個ものトマトを実らせた人です。常識的には、信じられない話です。このトマト育成の課程を、龍村は種の段階から全て映像に収めようと考えました。ところがトマトの成長がもうすぐ絶頂期を迎えるころ、どうしても外せないイタリア行きの仕事が入りました。トマトは、熟し切ればやがて実を落とします。その限界を龍村が野澤さんに尋ねると、その期日は龍村の帰国予定よりも10日も早いというのです。真っ赤に熟したトマトが温室一杯に実っている光景は、この映画のクライマックスにどうしても必要なシーンです。もちろん、代役を立ててカメラを回せばトマトの映像は撮れるのですが、しかし、龍村はその安易な方法を取ることができません。自分と心を通わせながら、これまで大きくなったトマトを他人に撮らせたのではトマトに対して申し訳ない、という思いがあったのです。そこで龍村は何をしたか。彼は、毎日イタリアからトマトに念を送ったのでした。強い想いを送り続けた。「トマトよ落ちずに待っていてくれ」と。そこに奇跡は起きました。その時枝に実っていた5千個のトマトは、野澤さんの予想を遥かに越えて龍村が帰国する日まで木に留まったのです。イタリアから帰国するとその足で撮影に向った龍村は、美しく見事なトマトの姿をカメラに収めることが出来ました。そして、正にその日の夜、全てのトマトは落ちたのです。トマトは、龍村の帰国を耐えて待っていたのでした。野澤さんは何度もトマトの巨木を育ててきたが、一晩で全ての実が落ちるという経験はこれまで一度もない、と言います。龍村がトマトに念を送り心を通わせた結果、そこに奇跡が起きたのです。この他にも沢山あるのですが、もう一つだけ紹介します。

ガイアシンフォニーに登場するエレナという象がいます。ケニアの原野にいた野生のメス象で、傷ついたところを動物保護活動家のダフニー・シェルドリック氏によって保護され野生に返されたのです。龍村は、このダフニーとエレナの間にみられる人と動物という枠組みを超えた交流を映像に捉えました。このように書けば、まるでそのシーンを簡単にカメラに収めたように思えますが、エレナが棲むツァボ自然公園は東京都の10倍ほどの面積があり、さらにダフニーが住むナイロビからツァボ自然公園までは400㎞も離れているのです。もちろん人間と象の間に、科学的な通信手段などありません。僅か数日でエレナの居場所を特定し、その姿を捉えることなど本来不可能なのです。ところが、エレナはまるで龍村やダフニーの願いをキャッチしたかのように、そこに現れるのです。その時の様子を龍村は次のように書いています。

しかし、エレナは、彼女（ダフニー）が来ることを、なぜか必ず前もって知っている、という。面会場所は、近くに小さな川の流れる草原のまっただ中だった。
「エレナ！　エレナ！」とダフニーさんが数回叫んだ。私たちにはまったく何も見えなかった。草原を渡る風の音以外、一切物音のしない静寂が、長い間続いた。
突然、はるか彼方の森の陰に動くものが見えた。エレナだった。（中略）森のはずれの樹のてっぺんあたりからエレナの大きな顔が現われ、ゆっくりとこっちに向かって進んでくる。「エレナ！」と小さく叫んで、ダフニーさんもまっすぐにエレナに向かって歩き始めた。この再会シーンは、撮影しながら涙が出るほど感動的だった。（中略）
そこには、象と人間、という種の違いなどまったく感じさせない〝愛〟の分かち合いがあっ

た。(25)

ここでの経験を通じ、龍村は以下のように言うのでした。

心で〝想う〟ことが相手に伝わる仕組みは、まだ〝科学的〟には解明できていない。ひょっとすると、〝科学的〟手段では解明できないものなのかもしれない。

しかし、それは確かに伝わる。

しかもそれは、種の違いを越え、言葉を越え、時を越え、空間を越えて確かに伝わる。

今私たちは、この心で〝想う〟ということが、現実をつくってゆく上でどれほど大切なことか、ということを真剣に考え直す時代にきている。(25)

近年の量子力学の知見は、従来まったく別次元のものと捉えられてきた「心」と「物質」が実は不可分のものではなく、お互いに影響し合っている事実を指摘します。古から現代にいたるまで、人は祈る存在でした。「祈る」という行為は宗教の占有物ではなく、私たちの日常にあります。おそらく、ある一定の条件が整えば祈りは通じるのだと思います。

ガイアシンフォニーは現在8作あるのですが、このようなシンクロニシティが全ての映画制作の過程で実に頻繁に起こりました。まるで、神様が龍村を支援しているようにしか思えないのです。そうです、おそらく彼は神様に助けられているのでしょう。それが本当に世の中に必要なものならば、宇宙の摂理はそれを支援するのだと思います。そして、心が発する強い想いや願いは確実に伝わるという事実をガイアシンフォニーを通して私たちは確信します。相手がトマトであれ、象であれ、人であれ。ただし、このような現象が起きるためには一定の条件が必要なのです。それを龍村は次のように記しています。

> この一見人智《じんち》を超えているように見える出来事は、実は、人事を尽くしている時にのみ起こるのだ、ということを確信するようになった。
> そんなことが起こることを期待したり、自分にそんな能力があるかの如く妄想する者には絶対に起こらない。自分の力がいかに限られたものであるかを思い知り、結果については思い煩うことなく、目の前にたまたま起こっているかに見える出来事に、全身全霊で取り組んでいる時、もしそれが本当に必要なことであるなら、〝偶然の一致〟が起こるのだ。（傍点は龍村）(26)

〝偶然の一致〟は神からの〝啓示〟のように現われる。しかしこれは神が力を与えてくださったのではなく、この事実を一人の生身の人間としてどう受け止め、どう行動するかの問いが〝神〟から発せられた、と考えるべきなのだろう。(26)

確かにそうなのでしょう。この種の偶然は、目の前の課題に全身全霊で取り組み、しかもそこには名誉欲や自己顕示欲など利己的な思惑がなく、なおかつそれが必要とされている場合に限りもたらされるのだと思います。

龍村仁の言う「受け身の英知」という発想には、調和をもって私たちが現代を生きる上でとても重要な意味が込められています。龍村は言います。私たち現代人は、英知や知性を自分の外側にある世界をコントロールして、自分たちが便利に安全に生きるために使ってきたのであり、それは「外界をコントロールする知性」である、と。そしてさらに、龍村はもう一つの知性、「受け身の英知、知性」が存在するというのです。それは、未開で遅れていると考えられているブッシュマンやアボリジニ、そして地球上に住む野生動物に共通する英知、知性です。それに関して、次のように述べています。

我々人類の知性は陽の知性で、受け身の姿勢は陰の知性です。また、別の言い方をすれば、男性性の知性に対する女性性の知性とも言える。（中略）現在は、その2つが全くアンバランスな状態です。ここで我々がもうひとつの受け身の英知というものに気付き、ガイア全体をバランス状態に戻していくという過程の中にこそ、新たな〈進化〉があるんじゃないかと僕は思いますね。

実は、受け身の英知を知っていた人たちは、敢えてテクノロジーを進歩させなかったんですよ。例えばブッシュマンの人たち。(27)

このように述べ、この敢えてテクノロジーを進歩させなかった「ブッシュマンの英知」を、次のように説明しています。

ブッシュマンが短い小さな矢を用いて狩りをするのは、彼らに大きな立派な弓を作る知恵がなかったからではない。大きな矢を使い一撃で鹿を殺すような狩りは、命を頂く行為として正しくない。他者の命を頂くとき、それでは余りにも安易すぎる。小さな矢の弱い毒は少しずつ鹿に回り、鹿は何日も逃げ続ける。ブッシュマンは、その足跡だけを頼りに、何日も何日も鹿を追い続ける。そして鹿の方が自ら、「もういい。私の命をあなたにあげましょう」と思うようになるまで追い続ける。ある日、狩り人は撃たれた鹿が力尽きて倒れている姿に出会う。なぜ、そんな一見無駄とも思える狩りをするのか。ブッシュマンは、獲物を単なる食物ではなく、命を自分に移し換えてくれる存在として捉えているからである。獲物に対する畏敬の念を抱いている。だから、強力な武器を用いて獲物を一撃で倒すような狩りをしない。一撃で倒してしまえば、相手を想う想像力さえ生まれない。獲物のあらゆる部分を無駄にしないで使うし、妊娠している母親は絶対に撃たない。そして、獲った鹿は村人全体で分ける。これが、ブッシュマンの持つ「受け身の英知」なのだ。と、龍村仁は言います。

命のやり取りにおいて、ブッシュマンは決して効率を求めません。そして、狩られる者への敬意を忘れません。そこには、現代人が失った大切な価値観があると思います。そして彼らの帰巣能力。どんなに遠く離れた場所へ移動しても、彼らには家路がちゃんと分かっているのです。これも、テクノロジーの獲得と引き換えに、現代人が失くした重要な能力です。今私たちが想うべきことの一つは、この「受け身の英知」の復活でしょう。このブッシュマンの価値観に想いを馳せること、それは現代人に求められる大切な発想だと思います。

ところで、これは余談に近い話ですが、先に紹介した星野道夫と龍村仁はとても深い縁で結ばれた二人でした。龍村の撮った『ガイアシンフォニー第3番』は、星野道夫が主要な登場人物です。しかし、この映画はなんと星野道夫が他界した後に撮影されました。ある日二人は、東京の新宿御苑を散策しながら映画の構想を練りました。そこで二人は、「現代に通じる神話となる映画を創ろう」と約束したのです。そして、その僅か二週間後に星野道夫は他界したのでした。普通、主人公がいなくなればドキュメンタリー映画は撮れません。しかし、それでも龍村仁は「見えない星野道夫」を撮ることを決意し、星野道夫の映画を創りました。こんな二人だったのですが、実はこの二人は、とあるアラスカ先住民の神話の中で、熊の一族の兄弟だったのです。詳しい神話の内容は割愛しますが、人間界と熊の社会の争い事を収めるために尽くした熊の一族の兄弟でした。名前は、カーツとフーッ。星野道夫も龍村仁も先住民族のとある儀式を受け、その事実を告げられています。

私は、ある日龍村仁監督を訪問する機会があり、その日予定より早く着き過ぎたため、新宿御苑の入り口の銀杏の樹の下で時間をつぶしていました。その後監督の事務所を訪ね、二人で星野道夫の話をひとしきりした後、煙草を吸うためにベランダに出た監督は、「ちょっと、こっちに来てごらん」と言い、私を高層マンションのベランダに招き寄せました。眼下には新宿御苑の見事な紅葉がありました。「あそこに銀杏の木があるだろう。あの木の下で、星野道夫と待ち合わせたんだ。俺はこの窓から、星野が大きなリュックを背負って来るのを見ていたんだ。彼が来たのは、約束の時間よりかなり前だったよ」。そこには、黄色に紅葉した銀杏の大木が2本ありました。そしてそれこそは、私が先ほど時間をつぶすために佇んでいた銀杏の樹だったのです。何たる偶然！あの銀杏の樹の下に、星野道夫も佇んだのかあ～。私は生前の星野道夫さんにお会いしたことが無く、そのことがとても残念なのですが、その時の偶然は監督が私と星野道夫を引き合わせてくれたようで、凄く嬉しかったのです。

映画ガイアシンフォニーのメッセージを極端にまで単純化して理解すれば、それは詰まるところ、「自己の霊性を認識して森羅万象を見据えよ」ということだと私は思います。

木村秋則

「奇跡のリンゴ」というりんごをご存じでしょうか。絶対に不可能だとされていた、無農薬で栽培されたりんごです。一般にはあまり知られていませんが、りんごという果物は害虫や病原菌に極端に弱く、農薬漬けで作るのが常識なのです。おまけに、このりんごには農薬だけでなく肥料も与えません。土地が持っている自然の恵みだけで実ったりんごです。そのくせ、とっても甘く瑞々しく、おまけに時間が経っても腐らないのです。正に、奇跡のようなりんごです。青森県弘前市のりんご農家、木村秋則さんが作りました。

木村さんがこのりんごを実らせるまでに要した試行錯誤の11年間、そこには筆舌に尽くしがたい苦闘の歴史がありました。無農薬に挑戦し、りんごの樹と対話をしながら過ごしたこの11年間りんごはまったく実らず、木村さん一家は極貧にあえぎます。昼はりんご畑で1日働き、夜は夜でアルバイト。冬場は出稼ぎ労働者。そんな辛苦をなめるような生活を送っても、りんごは一向に実りません。3人の娘さんたちは、1個の消しゴムを3つに分けて使い、奥さんは道端の雑草をみそ汁の具に使いました。この間木村さんは、農薬を使うこと以外、りんご栽培に出来得ることを全て試しました。害虫の研究、病原菌の研究、農薬代わりの散布剤の研究。とにかく、りんごの樹を取り巻く「目に見えている部分」に関しては全ての事をやり尽くしました。それでも、りんごは実らなかったのです。一家を破産に追い込みそうな木村さんに対して、周囲の人たちは、無農薬栽培を諦めるように説得します。それは、親切心からのことでした。それでも、無農薬への挑戦を止めない木村さんは、やがて親戚や近隣の人々からも見捨てられ村八分にされます。行きかう人は、誰も木村さんと口をきかず無視するようになりました。この頃の状況を木村さんは、「どんなに手を尽くしても正解が出ない無間《むげん》地獄」(28)と表現しています。万策尽き果て死を覚悟した時、自殺しようとした山の中で「答え」が見つかりました。答えは、土を自然に還すことでした。肥料をはじめ人工的に色々と手を加えた畑の土地を、自然に還すことでした。答えは土の中、目に見えない部分にあったのです。身体の弱い奥さんを農薬被害から救いたいという一心で始めた苦難の道は、11年間にも及ぶ試行錯誤と格闘の末、実を結んだのでした。

石川拓治著『奇跡のリンゴ』(29)で木村さんの物語を読んだとき、電車の中で涙が出て困ったのを覚えています。感動で胸が震え、この人にどうしても会ってみたいという強い思いに駆られました。紆余曲折の末、立教大学にお呼び出来たその日、興奮を抑えきれずドキドキして待つ私の前に、木村さんは満面の笑顔で現れました。苦労の痕などどこにも感じさせない、満面の笑みでした。木村さんは、言います。

目に見えていることだけ見ていても、本当のこと、真実はわからないのです。（中略）大事なことは、目に見えない部分にあります。(28)

わたしは、不可能だといわれた無農薬・無肥料のりんごの栽培をなんとか成功させました。そのときに、世間で理解されているものほど当てにならないことを知りました。「立派な作物を作るには……」と教えられた常識は、ことごとく外れていました。(28)

こんな木村さんは、実は数々の不思議な体験をしています。そこには、現代を生きる私たちにとって大切な示唆が含まれているような気がするのです。そのいくつかを紹介したいと思います。

時間が止まり龍が現れる

高校生の時、学校からの帰宅途中、木村さんは龍に遭遇しています。自転車で帰宅する途中、ふと見ると自分のそばを歩く男性が片脚を上げたまま歩行をピタリと止めてしまったのです。パントマイムのように。時間が止まっていたのです。それに気づくと、脇の防風林から巨大な龍が現れました。その龍は、小さな松の木に止まり木村さんを見ていたようです。しばらくして龍は空に飛び去りました。すると、傍らの男性は何事もなかったように普通に歩いていています。木村さんはその間、一般とは別の次元の中にいたようです。古来洋の東西を問わず、龍は神もしくは神の使いとして伝えられる神聖な存在です。その龍は、木村さんにとある言葉を残しました。龍は、その言葉を決して他言しないようにと、木村さんに託したのです。そして木村さんは、その後の人生の中で同じ言葉に何度も遭遇します。その言葉は、おそらく地球や人類の未来に関する重要なメッセージであると、私は想像します。しかし龍との約束です。木村さんは、それを絶対に口にしません。

心が通じたタヌキ

木村秋則

りんごの無農薬栽培を始める以前のこと、木村さんはトウモロコシの大規模栽培を試みました。ところが、収穫できるほどにトウモロコシが育つと必ず何者かに食い荒らされるのです。そんなことが続き、業を煮やした木村さんが罠を仕掛けたところ、捕まった犯人は小さな子供のタヌキでした。罠で足を痛め動かない子タヌキを見て、木村さんは思うのでした。ここは元々タヌキの土地で、侵入してきたのは自分の方だ、と。この感性こそが、木村さんの凄いところです。木村さんはタヌキに申し訳ないと思い、粒が欠けて売り物にならないトウモロコシを畑の横に置き、タヌキに提供することにしたのです。その代わりに、奇麗に実のついたトウモロコシは食べないで下さい、と念じながら。申し訳ない思いはあっても、普通なかなかここまではできません。それ以降、タヌキの被害は全くなくなりました。タヌキにすれば、畑のどこの実を食べても良いのですが、収穫前の瑞々しい実には一切手を付けなくなったのです。木村さんの思いは、タヌキにもちゃんと通じるのでした。

木村さんの言葉を理解したりんごの木

無農薬、無肥料で花も咲かないりんごの木は、ちょっと幹を押すとグラグラするくらい弱っていました。このままでは木が朽ち果ててしまうと思った木村さんは、祈るような気持ちでりんごの木に話しかけたのでした。

「こんなにしてしまってごめんなさい」

「花を咲かせなくても、実をつけなくてもいいから、どうか枯れないで耐えてください」(28)

樹に優しく触れて、労わるように、温もりが伝わるように精一杯の思いを込めて話しかけたのです。しかしこの行為、樹と話をするという行為を他人に見られるのには、ためらいがありました。ついに木村は狂ったか、と思われるのを恐れたのです。そのため、声が聞こえそうな道路際と隣の畑の境界にある樹には声を掛けることができませんでした。この結果は、驚くべき違いを生み出したのです。声を掛けた樹は少しづつ元気を取り戻した一方で、声を掛けなかった隣の境界と道路際の1列82本の樹は、ことごとく枯れてしまったというのです。木村さんは言います。「言葉にはものすごい力がある」ということに気づきました、と。たとえ相手が動物でも植物でも、思いは伝わるのだ、と木村さんは言います。

UFO、宇宙人との遭遇そして地球カレンダー

木村さんはUFOや宇宙人と度々遭遇しています。UFOは何度も木村家の上空を通過し、遠く上空に見えるという程度ではなく、ゆっくり屋根の上を通過することが度々ありました。宇宙人と最初に遭遇したのは、無農薬栽培が行き詰まり先が全く見えないある夜の畑でした。クロームメッキのような色をした小学生くらいの、眼だけが大きく光った生き物でした。木村さんはこの時、これは地球の生き物ではないな、と直感したそうです。この生き物はテレパシーで木村さんに話しかけ、メッセージを託したのでした。そのメッセージは、幻想という形で木村さんには見えました。幻想の内容は、こうです。

体に白い布を巻き付けた、まるで哲学者のソクラテスのような風貌の人物が、石の椅子に座っていました。そして、木村さんに待っていたと告げ、地球のカレンダーを見せたのです。一枚が1年分でした。木村さんがそれを数え、思わず質問しました。

「これで全部終わりですが、あとはないんですか?」

「ありません!」

「……ないってことは、地球がないんですか?」

カレンダーの枚数に関しては、口外することをそのソクラテスのようなおじいさんから固く禁じられました。龍の時と同じです。木村さんは、命が脅かされても口は割らないと言います。

無農薬栽培が軌道に乗り、ようやく人並みの生活ができるようになった頃の事、木村さんは二度目の宇宙人の訪問を受けました。深夜木村さんが寝ていた部屋の窓が勝手に開き、以前畑で会った時と同じ宇宙人が窓の外の空間に浮いていたのです。そして、木村さんはUFOに拉致されました。拉致されたと言っても何か危害を加えられた訳ではなく、UFOの中で宇宙人が持つ色々な科学技術や能力を紹介されました。そして最後に、再び地球カレンダーを見せられたのでした。そのカレンダーの最後の数字は、あろうことか、そのソクラテスのようなおじいさんに見せられた数字とピタリと一致していたのです。
木村さんは言います。地球にあまり時間が残っていない、と。これは単なる私の推測ですが、この言葉の意味は、人類が決められた時間までに何かを為さないと地球は終わる、ということではないでしょうか。だとすれば、私たちは今何を為すべきなのでしょうか。

みなさんは、これらのエピソードを信じるでしょうか。私は、一点の嘘もないと確信します。木村さんに接したことのある人は、おそらく誰もがそう思うことでしょう。木村秋則さんは、そういう人なのです。実は木村さんはこの他にも沢山の不思議体験をしているのですが、これらの不思議体験が意味するものは何でしょう。それは、無間地獄の苦難から見つけ出した答え、つまり、「目に見えないものの中に大切な真理が隠されている」、ということではないでしょうか。それと同時に、世の中で常識とされていることの危うさ。タヌキやりんごの樹にも、人の心が通じること。龍やＵＦＯ、そして宇宙人の存在、そしてそれらが伝えるメッセージ。さらに木村さんは、人間が使う道具にも全て魂がある、と言います。これらは全て、一般人の常識からは外れています。残り少ない時間の中で、我々人類が気付くべきことは、これら常識から外れたことの中にある大切な真理ではないでしょうか。

榎木孝明

俳優の榎木孝明さんとは、立教大学で何度かご講演を願った縁で知り合いました。先に紹介した星野道夫関連のイベントや、龍村仁監督をお迎えしての映画上映会などのゲストとしてお招きしたのです。当初私は、榎木さんがスピリチュアルな人だとはちっとも知りませんでした。

俳優としての榎木さんは説明不要かと思います。多くのテレビ番組、映画に出演し、その名前や顔を知らない人はあまりいないでしょう。実は榎木さんは、先に紹介した龍村仁監督の映画『ガイアシンフォニー』の全ての作品で、ナレーションを努めているのです。その透き通る重低音の声がガイアの映像と重なる時、私たちは榎木さんの言葉に無限のイメージを膨らませ、やがてそのイメージは観た者の中で醸成し豊かな余韻を残します。榎木孝明さんは、ガイアシンフォニーには無くてはならない存在なのです。

榎木孝明さんは、実は私たちが知らない多彩な顔を持っています。その一つ、榎木さんは絵を描く人なのです。その絵は素人の域を超え観る者を魅了します。かつて歩いた景色の中に吹く、心地よい風を思い出させてくれる。一人たたずんだ山麓に漂う、暖かな陽ざしを感じさせてくれる。そんな懐かしい記憶を思い出させてくれる絵なんです。もともと芸術の世界で身を立てるべく上京し、大学ではデザインを学んでいました。そんな自身の絵心を、榎木さんは次のように捉えています。

役者を始めてすでに四十年程が過ぎますが、絵画はそれ以前から描いていたことを思えば、随分と永い時間が経ちました。いつも表現者でありたいと云う思いが、昔から私に筆を取らせて来ました。中でも水彩画は現場で完成させられる、私にとって最も身近な表現方法です。風を感じ絵に封じ込める瞬間は私の至福のひと時です。(g)

根っから描くことが好きなのですね。それにしても、多忙であろう売れっ子俳優の、どこにいったい絵を描き文章を添える時間があるのだろう、と感心します。

絵とも関連するのですが、榎木さんは旅をする人です。絵は、その途上で描かれることが多いのです。仕事上の旅を別とすれば、旅先は圧倒的にインドやチベットなどアジアの辺境です。

出発するとき、これといった目的地は決めていません。私にはひどく能天気なところがあって、アジアへの旅に向かうほかの人たちが通常どんな準備をしているのか、気にしたことがありません。行く場所の下調べをしたこともないのです。あとで無謀だといわれることもしばしばです。

それでも、行けばなんとかなるだろうと考え、実際にいつもなんとかなる。それが私の旅のスタイルでした。(30)

もちろん、常識にとらわれず、現地の生活へ足を踏み入れれば、新しい経験が得られる代わりに、現地食が口に合わず腹を下したり、荷物を盗まれたり、トラブルに巻き込まれたりなどの手痛い失敗も生じます。新しいおもしろさも見出せるかもしれませんが、その一方で、苦労もふえます。しかし、私は常に後者を選びたいと思い、実際にそのように行動してきました。(30)

こんな旅をするものですから、帰国するときには体重が10kgも落ちます。しかし逆に、体調は日本を発つ前よりもはるかに良くなる、というのです。病は気から。自由な旅は榎木さんの精神を開放し、それが健康に良いことは容易に想像できます。

なぜこんな旅の話を書くかというと、この旅のスタイルに人間榎木孝明の本質が表れているからです。すなわち榎木孝明という人は、既成概念や常識にとらわれない柔らかな人、風のように自由に人生を旅する人、そんな存在なのです。常識にとらわれない、という意味で象徴的な榎木さんの行動の一つに、30日間に及ぶ不食がありました。なんと榎木さんは、1か月間水以外ほぼ何も摂らずに普通の生活をした経験を持つのです。「普通の生活」というのが凄いことで、不食を貫きながら当たり前のように役者の仕事をこなし、人付き合いもなんら普段と変わりなくこなしました。飲食を伴う会にも参加し、しかしそこでは、それらしい理由をつけて水以外は口にしないのでした。不食を実践した時の自身の気持ちを、榎木は次のように書いています。

人は食べないと、どんどんやせ細って、動けなくなり、死んでしまう。それが常識とされています。しかし、それは、本当にそのとおりなのか。

現に私自身が、２週間程度ほとんど食べなくても、ピンピンしている。それどころか、頭の働きがクリアになり、体調さえよくなっているではないか。ならば、さらに不食を続けて、死ななかったとしたら、どうなるだろう。私はその先の世界を見てみたくなりました。(30)

これは、榎木さんがネパール・ヒマラヤを旅した直後の感想です。「私はその先の世界を見てみたくなりました」。そして、榎木さんは実際にその先の世界を見にいったのでした。そこで彼が何を見たのか。それは、精神が研ぎ澄まされクリアになった自分でした。感性が豊かで繊細になった自分の姿でした。榎木さんは、全ては意識の問題だと言います。食べなければ元気が無くなるという意識を捨て、ものを食べなくても大丈夫だと思えば、その意識に身体は自然に反応する、と言います。結果、体重はかなり落ちたものの健康を損なうことなく、１か月にわたる不食の旅を終えたのでした。因みに不食の副産物として腰痛の改善があったそうですが、これは残念ながら、不食を止めて2週間ほどで再発したそうです。また、不食中は古武術のけいこをしても疲れが少なく、動きもスピーディーになったそうです。体内のエネルギーとは別のエネルギーを使っている感覚があったと言うのです。普通、食べなければエネルギーが枯渇して早く疲れると思うのですが、人間の身体とは、かくも不思議なものなのです。そう言えば、先に紹介した矢作直樹先生も若い頃の登山の時は、ほとんどまともな食事はしていません。矢作先生の場合、そもそも厳冬期の北アルプスの峰々を単独で1か月も行くのですから、テントやザイルなどの基本装備を持てばすでに相当な重さで、十分な食料など持てるわけないのです。食事内容を聞くと、僅かなナッツ類と少量のオートミールらしいのですが、過酷な冬山登山による消費カロリーを考えれば、常識では有り得ない食事です。先生の体内では理解不能な新陳代謝が行われている、としか考えられません。常識とは何なのか。もしかしたら、常識が私たちの可能性を大幅に狭めているのではないのか。これらの事例に接する時、改めてそう考えざるを得ません。

榎木さんのもう一つの顔として、武道家としての顔があります。若いころは、筋力を主体にした激しい武道を志したのですが、今は全く異なる武道、古武術を志しています。志すと言っても、既に達人の域です。榎木さんの古武術の本質は筋力や力で相手と対峙するのではなく、まったく別のものを使っているように見えます。それはすなわち、意識やイメージの力です。私は若いころから何十年も日常的に筋トレやスポーツを欠かしたことが無く、力だけは今でも若い学生に負けないくらいです。ましてや、ほぼ同年代の榎木さんに負けるわけがない。ところが、あろうことか、全身に力を込め榎木さんを精一杯の力で押しのけようとしたとき、何もできず押し返されてしまう、という経験をしました。まさかと思い、何度やっても結果は同じ。スッと真っすぐに立っている榎木さんに向かうとき、いくら力んでも自分の力が上手く出せない感覚なのです。以前これと同じ経験をしたことがあります。それは、有名な気功家と対峙した時でした。榎木さんの使う古武術の神髄は、おそらく「気」を操っているのだと思います。かつて現代のような西洋式のトレーニング理論が導入される以前、日本人はこの種の力をもっと自由に扱えたのではないか、と榎木さんは言います。そして現代人の生活場面、例えば力を使う労働場面や介護場面、そしてスポーツ場面でもこの力を活かせるのではないか、と言うのです。古来日本人が長い歴史の中で育んできた伝統的な文化や所作の中に、現代に通じる何か大切なものが潜んでいる。それを榎木さんは現代人に伝えたい、と願っているようです。

ガイアシンフォニーという映画は、乱暴に言い切ってしまえば、凝り固まった「現代の常識」というしばりから私たちを解放し、その先の可能性を示唆する映画です。それは、先にも引用した龍村仁監督の「かつて人が、花や樹や鳥たちと本当に話ができた時代がありました……」という言葉に象徴されます。榎木さんは言います。本来私たち人間は無限の可能性を秘めているのだが、「常識」という壁がその発現を妨げている、と。不食の実践も、その常識にチャレンジするために、人間の無限の可能性を確かめるためにやってみた、と。榎木さんには、常識の先に横たわる大いなる世界が見えているのかも知れません。

そんな榎木さんは拙著『ガイアの伝言 ――龍村仁の軌跡』(31)の中で、この映画のことを、そしてご自身の考えを次のように述べています。

さて自分の記憶についてお話をしましょう。まだうすらぼんやりとしたところもありますが。これまでに数限りなく輪廻転生を繰り返して来ました。今の肉体は借り物であって、死んだらまた魂の世界に帰って行くだけですから、過去を悔やんだり未来を心配する必要もなく、今を大事にして生きることのみが大切かと思います。しかしその転生もそろそろ終盤のようです。たまに夢で地球以外の景色を見ていた事もあって、どうやら魂の出身は他の星のようです。地球での名前の榎木孝明のイニシャルもE・Tですから、笑っちゃいますが。

(中略)

科学技術がどれほど進歩し便利な時代になろうとも、根源的な人間の本質は変わりようがありません。地位も名誉も権力も経済も人間の魂を輝かせるのには無縁であることを、そしてスピリチュアリティー（霊性）こそが唯一人類を希望に導けることを、映画ガイアシンフォニーは一貫して伝えて来ました。そして龍村監督の直観力がそれに見合う出演者を選んで来ました。全ての出演者に共通することですが、自分を自慢するでも卑下するでもなく、淡々と自分の道を突き進んでいる人々のなんと爽やかなことでしょう。

この映画ガイアシンフォニーの長い道のりは、いわば物質文明から精神文明への移行の生き証人であるとも言えるかと思います。今人類の生き残りをかけた時代が始まっています。地球の主人は人類ではなく、我々はほんのつかの間の住処を借りているだけの存在に過ぎないという謙虚さを、今一度思い出すべき時代ではないでしょうか。

他の人たち同様、中今に生きることの重要性、そして自然に対する畏怖の念を忘れるな、と榎木さんも説きます。全く余談になりますが、以前、榎木さんが主演する映画『みとりし』の試写会に呼ばれ、先に紹介した矢作先生、長堀先生、榎木さんと私の4人で観たことがあります。その後4人で屋外のカフェでお茶をしながら、よもやま話に花を咲かせました。その時間の何と清澄で爽やかだったことか。都会の街中を吹く風さえが心地よく、そっと頬を撫で通り過ぎて行きました。全身の細胞が、無条件で喜んでいるのが分かりました。霊性溢れる人と共にする時間は、それだけで透明で幸せな心持ちを与えてくれます。

以上、私がご縁を頂いて実際にお話を聞いた、あるいは関わりのあった6人の方を紹介させて頂きました。全員に共通しているのは、世の中にある「常識」の危うさを指摘していることです。そして、その誠実なお人柄、誰に対しても上から目線にならない謙虚な態度、更には自分の信念にしっかり筋が通っていてブレない姿勢です。もちろん既に言及した飯田史彦先生や池川明先生はじめ、霊性豊かな人はこの他にも大勢いらっしゃいますし、私の交流範囲などたかが知れていますので、私の知らない方も沢山いるに違いありません。ここでは、私が個人的に関わって存じている方のみを紹介しました。

先にも記したように、これらの方々と接する時私たちは無条件で喜びを感じます。それは恐らく自分の中に同じものが眠っていて、それに魂が共鳴する喜びだと思います。すなわち、それは霊性です。私の経験で言えば、この喜びの中に在るとき邪《よこしま》な発想は決して生まれません。心がまっすぐになり、それでいて柔らかく暖かくなります。善なるものに同調するエネルギーが、全身に満たされる感じがするのです。世の中の多くの人々がこの喜びに満たされるとき、この世界は調和に向かうのだと思います。

第五章　新型コロナウイルス騒動と霊性

新型コロナウイルスがもたらす価値観の変容

「はじめに」にも書きましたが、2019年に中国武漢で発生したとされる新型コロナウイルスCOVID-19が引き起こしたパンデミック騒動は、全世界にとてつもなく大きな影響をもたらしました。幸いなことに日本での死者は少ないですが、2021年2月の時点で全世界では200万人以上の人が亡くなったとされています。日本を含む多くの国で緊急事態宣言が出され、日常生活が一変しました。ウイルスによる直接の死者数もさることながら、人の移動の制限が経済活動に与えた影響は甚大で、世界各国の株価は暴落し、その規模はリーマンショックあるいはそれ以上と言われています。世界中で企業倒産が相次ぎ、特に企業体力のない中小零細企業は、その多くが危機的な状況に喘《あえ》いでいます。つまり直接ウイルスの感染の影響は受けなくても、失業により窮地に陥った人が多数出たのです。2020年の春、日本では学校が一斉に休校となり、甲子園の高校野球大会を始めとする学生のスポーツ活動や文化的な活動の多くが中止になりました。また、オリンピックを始めとする各種プロスポーツイベントは軒並み中止や延期に追い込まれ、映画、演劇、コンサート、各種講演など文化・

芸術活動も大きな制限を受けています。多くの親が自宅でのテレワークとなり、家庭環境も一変しました。まるで、毎日が日曜日のように家族全員が家に居ることを余儀なくされたのです。私自身に関しても、２０２０年上半期における講演関係のイベントは全て中止になりました。このような事態をこれまで経験したことが無かったので、私たちは大きな戸惑いの中で日々を送ることになったのです。

しかしその一方で、これまでの我々の生活や社会の在り方を見直す良い契機となったのも事実です。中でも際立ったのは、テレワークを一気に加速したことです。私自身も、２０２０年の講義は全て自宅からのオンラインになりました。もちろんオンライン授業の弊害も多々ありますが、多くの大学が頭を悩ませていた教室不足問題は一気に解消の目途が立ちました。教室は無くても、大方の授業が出来てしまうことを期せずして証明したのです。もちろん、実技・実習、実験系の授業や少人数でのゼミなどは別ですが。これは、こと大学だけでの問題ではなく、多くの企業で施設不足を解消する可能性を示唆します。また、通勤に伴う時間、費用、煩わしさなどを軽減し、人口の首都圏集中を解消する可能性も示しています。なにせ、どこにいても仕事ができるのですから。仕事のために首都圏に住んでいた人たちを解放し、地方活性の起爆剤となるかも知れません。

　また今回の騒動は、これまで良しとしてきた価値観を見直す契機になったようにも思えます。霊性という視点でみると、今回の騒動はその発生要因を超越し、明確な意志をもって我々の前に現れた、としか私には思えません。その目的とは、ずばり、これまで人類が積み上げてきた現代社会システムの間違いを認識させることです。社会システムの間違いとは、ごく簡単に言えば現在の資本主義経済システムと、それを中心に据えた国際ルールのことです。これは富の一極集中と、極端な貧富の差を生み出しました。蓄財こそが幸せに直結すると考えた、歪んだ価値観の結果です。この価値観の下、人間の営みによって地球の自然環境は大きく破壊されました。この事実はもう何十年も前から様々な場で指摘されてきたのですが、未だに有効な手段が講じられないまま今日に至っているのが現状です。経済優先、利益優先で、自然環境は壊され続けているのです。こんな人間たちの振る舞いに対し、地球が持つ大きな力はある種のバランスをとったのだと思います。そのバランスは、自然災害という形で私たちの前に現れました。ここ数年だけでも、これまで経験がないような甚大な自然災害が世界で頻発しています。ざっと挙げてみれば、アマゾンやオーストラリアでの大規模な森林火災、アメリカ中西部、スペイン、イギリス、アフガニスタンで発生した大洪水、逆にホンジュラスやボツワナでの大干ばつ、フランスの異常な熱波、アフリカ全土を襲うサバクトビバッタの異常発生、そして我が日本でも巨大な台風がいくつも襲い甚大な被害をもたらしました。これらは、地球が発している明確なメッセージです。人類への警告です。人間よ、自然との調和を度外視して膨張し続けるのは止めろ、という。そのメッセージは理屈ではなく人々の霊性に直接訴えかけるので、多くの人達は深いところでこれに気付き始めました。

一方で今回の騒動は、人間が活動を減らすと自然環境が容易に改善されることを目に見える形で教えてくれました。人々の活動が抑制された結果、世界の自然環境は僅か数か月で格段に良くなったのです。イギリスの環境ニュースメディア Carbon《カーボン》 Brief《ブリーフ》 が発表したデータによると、２０２０年の温室効果ガスの排出量は前年に比べて16億トンも減少する見込みだそうです。これは、世界で約3億５０００万台もの車が減ることに相当する数値です。普段は濁って底が見えなかったベネチアの運河が、瞬く間に透明で奇麗になったのは象徴的でした。さらに深刻な問題となっていた中国の大気汚染も大幅に改善し、北京や上海のＰＭ２・５の濃度やCO_2排出レベルも減少しました。その他、世界の国々で野生動物の活動が活発になり、以前より多くの鳥のさえずりが聞こえるようになったという話が聞かれます。自然界が垣間見せたこの現象は、今後私たちの進むべき方向を明確に示しています。そうです、物質的な繁栄に重きを置く価値観は見直す時期に来ているのです。それでもなお、これまでの蓄財や利権、築いた地位にしがみつき、心の声に気づかない振りをしている人達がいるようです。でも私は、彼らに聞いてみたい。あなたたちは、これまで本当に幸せでしたか、と。心は安らかでしたか、と。自分が溜め込んだ財産の管理に追われ、それが目減りすることを恐れ、気が気でなかったのではないですか、と。自分の地位が脅かされるのを恐れ、正義に目をつぶってきたのではないですか、と。人間の良心は、深いところで魂につながっています。良心こそは、霊性の声なのです。ですから、良心に従って生きることができれば道を見誤ることはありません。彼らも、自分の良心に耳を傾けさえすれば全てが分かるはずです。本当の心の平安はどこにあるのか、が。

さて、今の世界を支配する資本主義制度を見直すのには、コペルニクス的転回に匹敵する発想の転換が必要でしょう。しかしもう、時代はその時を迎えているのではないでしょうか。「ベーシックインカム」という言葉を最近よく耳にします。19世紀から20世紀初頭にかけて、ヨーロッパで活躍した教育学者のルドルフ・シュタイナーが提唱した経済システムです。ごく簡単に言えば、政府がすべての国民に対して最低限の生活を送るのに必要とされている額の現金を定期的に支給するという制度です。基本的に自由主義経済を前提としているので、もちろん働いてその対価を得ることもできます。ですから、物質的な豊かさを求める自由はあります。しかし極端な話、まったく働かなくても最低限食べては行けるのです。働かなくても生活していける時、人はただ怠惰になり無為な時間を送ることになるのでしょうか。それとも、自由時間を使い自己実現を追求する豊かな時間を得ることになるのでしょうか。その時に問われるのが、一人一人の霊性です。豊かな霊性を備えれば、最低限の生活が保障されている中で、いたずらに蓄財に走ることなく、また一方で怠惰で無為な時間を送ることもなく、自己の使命に根差した生き方ができると思うのです。なぜなら霊性という点から観れば、そのような生活にこそ私たちは真の喜びを見出せるからです。ベーシックインカムを真剣に考えるとき、問題になるのは財源です。それは簡単に解決できる問題ではないかも知れません。しかしここでも問われているのは、我々の生き方です。私たちはこれまで、毎日大量の食べ物を廃棄してきました。ちょっと古いからという理由で、まだ使えるモノを沢山捨ててきました。現代人の生活は、多くの無駄に満ちているのです。話は飛びますが、日本のエネルギー政策に、高速増殖炉「もんじゅ」という原子力を使ったシステムがありました。高速増殖炉では、核分裂によってプルトニウムが増えるので、使えば使うほどエネルギーが増えるとされた夢のようなシステムでした。しかし、この「もんじゅ」は20年以上に渡り維持されたのですが、結局1ワットの電気も生み出すことなく廃炉になりました。「もんじゅ」

のシステムは早い時期にその欠陥を指摘され、この結果は十分に予想されたのです。科学技術の発展には、失敗や無駄は付き物ですが、「もんじゅ」維持のために20年間、毎日毎日6000万円もの費用が使われ続けたのです。信じられない金額です。関係者にも、その結果は予想できたはずなのです。しかし、彼らは20年以上もそれにしがみついていた。彼らは、この間幸せだったのでしょうか。その他、日本の美しい河川を死んだ用水路に変えるダムの問題もあります。現在でも全国でダム建設が続いていますが、ダムは本当に必要なのでしょうか。もちろん全てのダムが無駄だとは言いませんが、今後更に造り続ける必要があるのでしょうか。余談が長くなりましたが、要するに無駄なお金が沢山あるのです。それらを厳格に見直せば、ベーシックインカムは、決して夢のような話ではなくなるかも知れません。多くの労働を、人間に代わりロボットが肩代わりする時代がもうそこまで来ています。銀行口座にゼロが沢山並んでいないと安心できないというメンタルを、そろそろ転換する時です。労働時間や働き方を含め、今人々の意識変容が求められているのです。その意識変容とは、物質的な蓄財に価値を見出す生き方を捨て、霊性に根差した慈悲と利他の生き方に目覚めることです。その生き方にこそ、人々は本当の幸せが見出せるのではないでしょうか。

以上は、この騒動を巡って見えた表の部分です。一方このウイルスを巡っては、世界に暗躍する「闇」の存在に関連する噂が後を絶ちません。その闇の部分、つまり騒動の裏側に垣間見える現実に関して、以下に述べてみたいと思います。

闇の存在と、それに踊らされる世界

まず、このCOVID-19ウイルスは、米中対立のさ中、ある種の細菌兵器として人為的に開発されたという噂もあります。真偽のほどは不明ですが、その開発途上で、管理上のミスから世界に広がってしまったという話です。この種の陰謀論が「絶対ないとは言い切れない」と思わせる現状こそ、現代が抱える闇です。

一方、米国の製薬会社ファイザー製のワクチンが２０２０年12月現在世界各国で認可され、その投与が始まりました。ファイザーは、２０２０年4月の時点で年末までに数百万回分のワクチンを用意するという趣旨の発表をしています。これが本当ならば、ファイザー社はいつからワクチンの準備をしていたのでしょうか。それだけのワクチンを用意するためには、相当以前から準備する必要があるのですが、まるでウイルスの蔓延を問題が顕在化する前から察知していたような手際の良さです。

さて各国で投与が始まり日本でも認可されたこのワクチンですが、実に多くの問題を孕《はら》んでいます。以下、分かりやすく問題点を列記してみましょう。少し専門的になりますが、どうぞ我慢して読んでみて下さい。

①従来の「鶏卵法」とは異なる「遺伝子法」によりワクチンが作られる。理由は、鶏卵法だと時間がかかるから。

②鶏卵法では培養したウイルスを不活化、弱毒化して用いるが、遺伝子法ではコロナウイルスの遺伝子が投与される。この遺伝子投与により人体で生み出されるコロナウイルスのタンパク質が、抗原として働くことが期待される。しかし、このタンパク質が人間に及ぼす影響は分かっていない。危険な副反応が絶対ないとは言いきれない。

③遺伝子を入れるため体内で遺伝子組み換えが起こり、体質に影響する可能性が否定できない。

④仮に予定通りの抗原ができたとしても、そもそも自身の体内で合成されたタンパク質が

異物として認識されるかどうか分からない。異物として認識されなければ、免疫系は働かない。

⑤そもそも、ファイザーの示したワクチンの有効性に疑問がある。実験では、4万人強の被検者を2つに分け、半数にワクチン投与し半数は投与しなかった。その結果、全体で94名の感染者が確認され、そのうちの85名がワクチン接種をしていないグループで、残り9名が摂取していたグループであった。この85名と9名を比べて、9割に予防効果があったとしている。しかし別の見方をすれば、そもそも被検者の半数である2万人以上の人はワクチンを打たなくて、このうち僅か85名しか感染していない。つまり、ワクチンを打たなくても99％以上の人は感染しなかった事になる。この事実の方が、よほど実態を物語っている。

以上が、このワクチンを巡る問題点です。さて皆さんは、これらのネガティブな事実を前に、それでもこのワクチンを打ちたいでしょうか。

感染者を特定するために使われるＰＣＲ検査も、実は甚大な問題を孕んでいます。これも専門的になりますが、できるだけ分かり易く書きます。まず、ＰＣＲ検査はウイルス自体を検出するのではなく、ウイルス遺伝子の一断片を増幅しウイルス感染の有無を判定します。

しかし、この増幅回数が大きな問題なのです。増幅回数をCt値と言いますが、Ct値が20（約100万倍の増幅）だとウイルス断片が1000万個ないと陽性にはなりません。Ct値30（約10億倍の増幅）では1万個、そしてCt値40（約1兆倍の増幅）ではたったの10個でも陽性となります。遺伝子の断片を1兆倍も増幅するのですから、当然です。ところが、実際に発症するには数千から数万個のウイルスが必要なのです。ですから、Ct値は30以下にすべきです。ところが現在日本のPCR検査はCt値を40ほどに設定しているので、感染など引き起こせない僅か10個程度の断片でも、あるいはこのウイルスの遺伝子とは別の何かの断片が10個程度でも、容易に陽性と判定されるのです。なお、PCRはプロトコール（手順）によっても、あるいは手技の練度によってもCt値が簡単に5ほど変わると言われています。

更に言えば、仮に検査で陽性だったとしても、その人は感染者ではありません。熱などの症状が出て、初めて感染者といえるのです。陽性でも大半の方は無症状で発病しません。そして、無症状の陽性者には感染力が無いことが最近の研究で明らかになりました。ですから、無症状の人を隔離する必要はないのです。しかし現在、国はこれを指定感染症に設定し、多くの無症状の人まで隔離するという政策を取っています。これが、医療体制へ大きな負担をかけているのです。現状ではPCR検査で陽性と判定されただけで、まるで犯罪者のように周囲から白い目で見られ、場合によってはイジメの対象にすらなると聞きます。いやはやこの動向たるや、まったく事の本質が見えていない悲しい現実です。

このようにプロトコールが一定していないために、本当に新型コロナを捉えているかどうか分からないというPCR検査の実態なのですが、これが社会にもたらした影響は甚大です。いちいち挙げ出したら切りがないのですが、身近なところでは私の大学では学生がキャンパスに入ることすら制限されました。それにより受けた学生たちの不利益は計り知れません。移動制限や営業制限、イベントの中止などで、どれだけ多くの人が被害を被ったことか。影響は多くの職種に及び、収入が減り窮地に追い込まれた人が多数います。中には、自殺に追い込まれた人もいるのではないでしょうか。これらの制限を「命の重要性」と絡め正当化する動きもありますが、命の重要性を考えるのなら、この制限によって失われる命はどう考えるのでしょうか。そもそもPCR法開発者のキャリー・マリス博士は「感染症の診断にPCR検査を用いてはならない」と生前言い残しているのですから。

ところで、ここに書いたような事実に気づき、私と同じような警鐘を鳴らしている人は多数います。特に、事態を冷静に見つめる医療関係者に多いようです。このように事実を見てくると、とても不思議な気がするのです。不思議に感じるのは、こんな簡単な矛盾に日本の政策を決定する有能な人達が何故気づかないのか、という疑問です。いや、気づいていると思うのです。しかし、そのような気づきは大きな力の下にかき消されている、と考えるのは私だけでしょうか。全世界を駆け巡る巨大な利権構造や闇の勢力が関わっているのではないか、とつい勘ぐってしまうのです。これらの事実は、私たちにもたらされる情報が如何に歪んだ恣意的なものであるか、という現実を教えています。情報開示が進み、権力の横暴をチェックできる機能が備わっているとされる先進諸国のメディアとて現実は同じです。マスコミの情報を、鵜呑みにしてはいけないのです。今回のコロナ騒動は、この歪んだ現実を明らかにしました。そして、私たち市民には、何が本当なのかを見極める感性が問われているのです。何が本当なのか、それを見極める感性を働かせるうえで重要なのは、霊性に根差したある種の直感であると私は思っています。霊性が備わっていれば、見極める時正しい感性が働くと思うのです。

さらに言うと、このウイルス騒動に関して、闇の勢力が人類の人口調整を図っている、とするいわゆる陰謀論もあります。地球上に人間が増えすぎている現状を考えると、まさかとは思いますがやはり完全否定はできません。それらの陰謀論を含め、結局つまるところ全ては人間の所業です。ここで思い出すのが、私の大好きな宮崎駿監督の映画『風の谷のナウシカ』です。この映画は今思うと、このコロナの現状を暗示するようでとても示唆的です。そこには、最終戦争で人類文明が破壊した後の世界が描かれています。世界は、巨大化した昆虫や猛毒を出す植物で覆われ、そこの空気を吸ったら人間は5分で死んでしまう「腐海《ふかい》」と化しています。そのため、人間は「風の谷」のような場所以外ではマスク無しでは生きることができません。人々は、この世界が汚染されているのは「腐海」のせいだと考えてきました。しかしナウシカは、「腐海」を生んだのは、人間が汚した土や水だと考えるのでした。やがてナウシカは、きれいな水で育てれば「腐海」の植物も毒を出さないことに気づき、地下室の実験でそれが正しいことを証明します。マスク無しでは生きられない「腐海」の世界。まるで今とそっくりです。そして、きれいな水で育てれば、腐海の生き物も毒を出さない。つまりは、人間がいかに「きれいな水の社会」を取り戻すか……今もそれと同じことが問われていると私は思うのです。そして、この映画が多くの人に共感を与え今でも強く支持されている事実を考えると、私たちの意識の奥底には、「きれいな水の社会を取り戻したい」という想いが息づいているはずなのです。詰まるところ今回のコロナ騒動は、私たちにそれを認識させてくれたのだと思います。言い換えれば、物質を重要視する価値観から霊性に根差した価値観へと意識を変容させること、それを私たち人類に求めているのだと思うのです。

第六章　日本人の役割とこれからの生き方

お金の危うさ

唐突ですが、私たち庶民にとってお金はとても大切ですよね。何故でしょう。それは、お金があれば色々なものが手に入るからです。少なくとも、物質的なものはお金で手に入ります。でも、お金が人間の幸せに結びつくかは別問題です。お金持ちでも自殺する人は沢山いますし、第一お金で「愛」は買えません。世界賢人会議「ブダペストクラブ」の創始者で哲学者のアーヴィン・ラズロ博士は名著『コスモス』(32)の中で、幸福度の国際比較調査をした結果を次のように述べています。人は「より多くのものを持てば幸せか」というと、そうではなく、必要を満たすだけの物質的資源を持てば十分で、多くを持ち過ぎるとかえって逆効果になる場合もある。そして、結局人に幸せをくれるのは、①愛を与えたり、与えられたりできる人間関係、②意味のある目標の追求、③ささやかな日常の喜び、④好きなことに没頭できる時間、の4つであると結論付けています。余談になりますが、ラズロ博士は先に紹介した映画『ガイアシンフォニー第5番』に登場し、自身の提唱する「量子真空エネルギー場」理論で、「全ての存在は繋がっている」という事実を、科学の側から説明できると述べています。

話をもとに戻します。現代社会においてお金はとても大切ですが、同時にとても危うい存在です。なぜなら、世界における現在の基準通貨の米ドルは、1971年のニクソンショックにより不換紙幣になりました。つまり、それ以前のように金と直接交換できるという大前提はなくなり、世界金融市場の動向次第で、ただの紙屑になる可能性を十分秘めているのです。日本円もまったく同じです。今やお金の価値は世界の金融市場での売買の成果に支配され、コンピュータ上のマネーゲームで決定されます。労働実態を伴わない、極めてヴァーチャルな世界です。

もちろん、生活のためのお金はある程度必要です。しかし、預金通帳にいくら沢山ゼロが並んでいても、それは危うい約束の上に存在する単なる数字に過ぎません。現実感がないだけで、それがただの紙切れになる、ただの数字になることは十分有り得ます。3・11の大地震だって、多くの人を飲み込んだ大津波だって、それまでは全くリアリティが無かったのですが、ある日突然やってきました。現在のコロナ騒動だって、2年前の今頃は予想だにしませんでした。国際情勢は非常に微妙なバランスの上で辛うじて均衡を保ち、予想もしなかった気候変動や自然災害が毎年のように世界を襲う現在です。これからは、何が起こるか分かりません。世の中の動向次第で、貨幣価値の崩壊だって十分起こりうるのです。だから、こんな危ういものを必死に追い求める生き方はそろそろ卒業しないといけません。では、これから私たちは何を求めて生きてゆけば良いのでしょうか。それは、自分が最も感動し、心の底から喜びを感じる生き方です。端的に言えば、霊性に根差した利他の生き方です。ダライ・ラマ法王も指摘するように、利他と慈悲は人間の本性ですから、本性が顕われる時、人間は幸福なのです。実体験でも分かりますよね。沢山ボーナスをもらった日は確かに嬉しいけど、何かボランティアをして人の役に立った時、あるいは他者と協力して善なるものを成し遂げ感動を共有した時の喜びに比べたら、そんなものはゴミのようなものです。

もう一つの鍵は、精神的にも経済的にも、自立して、かつ自律的に自分の人生を生きることです。今のお金の価値が仮にゼロになっても、なんとか最低限住む場所と、食べ物と、仲間がいること。そんな生活基盤を作ることです。

個人の自由と競争原理がもたらすもの

では、このような生き方を実践しながら生計を立て生活して行くためには、具体的にどんな生活をすれば良いのでしょうか。そのヒントを探る前に、現在の日本の何が問題なのか、過去の歴史を辿りながら整理してみましょう。西洋近代文明の価値観が人々の精神を支配する以前、つまりごく大雑把に言えば縄文の世から江戸期まで、日本人の心には共助の精神が息づいていました。つまり人々は、人間の本性に根差した価値観と共に生きていたのです。もちろん、諍《いさか》いや争い事はありました。しかし個人よりも家族、家族よりも集落、集落よりも村全体というように、個人の権利よりコミュニティ全体の調和を優先的に考えてきたのです。それを一言で言えば、共助、共生の精神です。ところが鎖国が解かれ明治の世になり欧米の価値観が導入されると、それはいつの間にか日本人の精神や思想を塗り替えました。すなわち、「個人の自由と権利を尊重する」という耳ざわりの良い価値観です。しかし今になって分かるように、ごく単純化して言えば、それは「自由」という名の下に「競争原理」を導入し、結果、強い者が勝利し弱者を支配するという弱肉強食の社会システムを生み出したのです。もちろん、「個人の自由」自体は極めて重要な価値観です。しかし行き過ぎた「個人の自由や権利」が、今のグローバル社会の下でどのように機能しているかを観察すると、この世界は富める僅かな者の権力が増大し、多くの庶民は、勝者が作り出した身勝手なルールに従わざるを得ないシステムになっていることが分かります。国際社会での米国や中国の振る舞いを見れば、それは明らかでしょう。力こそ正義、そして自国第一主義の下、真っ当な理念など微塵も感じられない都合の良い国際ルールを作り、それを他国に押し付けているのが現状です。力のない国は、それに従わざるを得ません。今の日本も、この歪んだ国際社会の中の一員です。世界中で起こるテロなども一見すると宗教的、政治的争いのように思えますが、その根本原因は格差や貧困です。

この「個人の自由」と「競争原理」を基調とした近代西洋文明の価値観は、キリスト教の影響や、弱い者が淘汰され環境に適した者が生き残るというダーウィンの進化論の影響などがその背景にはあるようですが、明治以前の日本人は異なる価値観の下に暮らしていました。先ほど述べた「共助」「共生」という価値観です。世界各地で暮らす先住民族も、これに近い価値観を持っていました。両者の価値観の違いは、人間と神の関係、人間と自然の関係をみるとよく分かります。古《いにしえ》から日本人の精神に根付いていた信仰、すなわち神道では、全ての存在に神性をみます。我々人間は元より神の分霊《わけみたま》であり、動植物から山川草木、森羅万象に神をみるのです。そこには、支配—被支配という関係はみられず、すべての存在は有機的に関連しながら全体を構成するかけがえのない一員なのです。自然と人間の関係を考える上での「生命中心主義」に近い思想です。また神道では全ての存在に神性を見出すので、八百万の神を受け入れます。神道は敢えて教典を持たず、どのような宗教でも、どのような信仰でも、その違いを認めつつ許容する度量を持ちます。つまり、多様な存在を容認し、それらとの共存を前提としているのです。ですから、この価値観が正しく機能すれば、大きな争いは起きません。

少し横道にそれますが生命中心主義に関して、簡単に説明します。生命中心主義というのは、地球上の人間も他の存在も全て平等であり、自然界にあって有機的に関連する一構成員に過ぎない、という思想です。自然界の存在は、それ自体が固有の価値をもち人間を利するために存在するのではない。従って、人間は必要不可欠な場合以外は、それらの命を奪ったり過剰に搾取することはできない、とする考え方です。ノルウェーの哲学者アルネ・ネスの「ディープ・エコロジー」や、既に紹介したジェームズ・ラブロックの「ガイア仮説」などは、代表的な生命中心主義の思想です。実に、日本の神道とよく似た思想なのです。さらに日本人に馴染みの深い仏教にしても、「一切衆生悉有仏性」という思想にみられるように、全ての存在に仏性を見出し、輪廻転生しながら成長する存在として捉えており、自然を支配すべき存在としては捉えていません。このように日本人の価値観の体系は、生命中心主義的な思想が息づいているのです。

これに対して西洋近代文明の価値観はユダヤ教、キリスト教の影響を色濃く受けます。創世記にあるように、神は絶対的な力を持ち宇宙を含む万物を創造し、人間も創り出します。そこには、創造するものと創造されるものという二元論的な思想が根付き、神と人間との間には絶対に超えられないヒエラルキーが存在するのです。人間を神の分霊と考える日本の神道とは、対照的な発想です。イスラム教にしても唯一神のアッラーと人間の間には、厳格な主従関係が存在します。自然と人間との関係でみると、これは「人間中心主義」という思想に置き換えることができます。人間中心主義というのは、人間はほかの生物とは異なる特別な存在として自然界の頂点に君臨し、自然を支配、コントロールする権利を持つとする考え方です。これは、人間のための自然の効率的利用という経済拡大のための思想的背景となっているのです。

人間中心主義の哲学的起源は、一般に旧約聖書の中に見出すことができるとされます。つまりそれは、「創世記」の次の一節です。

神はかれらを祝福して言われた、「生めよ、ふえよ、地に満ちよ、地を従わせよ。また海の魚と、空の鳥と、地に動くすべての生き物とを治めよ」（「創世記」一・二八）

この一節を元に、人間は他の生き物や自然をコントロールする権利を神から与えられた、と解釈するわけです。また、人間と自然とを分離する二元論を支持した17世紀の哲学者ルネ・デカルトの影響も大きかったようです。いずれにせよ西洋の思想では、神は絶対的で人間とは別の次元に存在し、それと同様に人間は自然の上に位置する存在で、自然を支配する権利を持つという考え方なのです。

日本人の役割

話を元に戻します。今の世界は高度にグローバル化が進み、経済だけをみると国という垣根はほとんどありません。それを良いことに、元々強い者が勝つように仕組まれた自由競争という名の「お金」を巡った争いが世界中で繰り広げられています。それと呼応するように、軍事や政治を巡る覇権争いも加速し世界は極度の緊張状態の中に在ります。自然環境への負荷を顧みない各国の経済政策により、地球の自然は歪んでしまいました。人々の行動を規定する大元は、その人の思想や価値観でしょう。だとすれば、今この調和を欠いた地球に求められている価値観は、「和を以て貴しとなす」とした聖徳太子の言葉に象徴される価値観、古からある日本の神道に根差した、多様なものを受け容れそれとの共存、共生を目指す価値観に他ならないでしょう。神道では、キリスト教であろうが、イスラム教であろうが、仏教であろうが、全ての思想を容認します。日本人の持つ世界に類を見ないこの価値観こそ、今、世界中の人々が共有すべき思想として絶対に必要だと思うのです。ところが大問題なのは、今の私たち日本人自身が、霊性に満ち溢れたこの大切な日本の思想を忘れてしまっている。忘れるどころか、先の大戦に至るまでの日本人の行動や思想を批判的に捉え、「八紘一宇」に代表されるような、本来は世界調和を志す重要な思想を否定しているのです。自己否定しているようでは、その思想を世界に広げることなどできません。なぜ、そのような日本人になってしまったのでしょう。それは、既に多くの人が指摘しているように、米国による「日本人愚民化政策」が功を奏しているからです。端的に言えば、「先の大戦は、日本による人類への犯罪行為であった」という贖罪意識を、教育現場で徹底的に刷り込まれてきたのです。それは、「War Guilt Information Program（WGIP）」と呼ばれるGHQによる作戦で、多くの日本人は洗脳されました。またGHQは、教育の世界から神道に関わる教育や行事を排除し、民族の大切なルーツである「神話」を奪い去りました。今や、古事記や日本書紀などに記される日本神話に関して、その内容を知る若者はほぼ皆無です。その他にも徹底した日本の伝統文化に対する否定的な政策をとったのですが、それは裏を返せば、日本人の驚異的な精神性や果敢な行動力、その優秀さに恐れをなしたことの結果でもあります。米国にとって、志のためには自らの死をも顧みない日本人の精神性は、とても大きな脅威だったのです。米国の作戦は見事に成功し、日本人は矜持と自尊心を奪われただけでなく、神道に根差した日本古来の精神文化も忘れてしまったように見えます。その結果は令和の時代を迎えた現在にまで引きずられ、日本は未だに独立国の体をなしていません。国の根幹をなす憲法制定の経緯、それに基づく安全保障、経済の根幹となる通貨の管理に至るまでアメリカに握られ日本独自では何も決められません。決められないどころか、アメリカの方針に逆らうことすらできません。何故かと言えば、アメリカ主導の「日米合同委員会」なる存在が、事実上日本政府の意思決定の鍵を握っているからです。その証拠に、国際社会の議論の中で、日本がアメリカの意に反する意見を述べるところなど見たためしがありません。「八紘一宇」、「教育勅語」、「靖国神社参拝」などの言葉を前にすると思考停止に陥り、その本来の意味も中身も考えず無条件に拒否反応を見せる人達がいます。八紘一宇という言葉の持つ意味、教育勅語の内容、そして靖国神社を参拝する人の真心。それらは、どう解釈しても、それ自体批判されるような内容ではありません。先の大戦と結びつけ、その思想を批判するのでしょうが、それは、それらが持つ本来の内容とは別次元の問題です。確かに戦争など厳に否定すべきです。何があっても、人を殺すという行為が正当化される戦争など、絶対に許されるべきではありません。しかし、それらの言葉を本来の意味で使ったからと言って、それを戦争賛美だとするのは大きな飛躍です。かのヒトラーは菜食主義だったと言いますが、例えてみれば、菜食主義者は独裁的だ、菜食主義者はユダヤ人を敵視する、と的外れな批判をするようなものです。さらに言えば、先の戦争の思想的背景にあった「大東亜共栄圏構想」も、それ自体は決して誤った思想ではありません。批判する人たちは、その意味を真剣に考えたことがあるのでしょうか。もちろん、日本を代表する政治家が靖国神社を参拝するのには別の意味が含まれますが、それらは霊性の本質というよりも、むしろ高度に政治的問題になります。そして、その議論の前提となる戦犯の位置づけ自体に関しても、様々な意見があるのです。

日本が持つ平和憲法の意味するところは、とても重要です。戦争の放棄。仮にこれが日本自らの意志でなくてアメリカの押し付けだったとしても、この精神は、尊重されるべきでしょう。なぜなら、世界中の国々が全てこの精神に依って立てば、戦争などできないからです。しかしその前提として、我々日本人は、先の大戦を巡って過去に何があったのか、その真相を理解したうえで、この憲法の意味を考えるべきだと思うのです。そうでなければ、先人たちが命懸けで遺したこの憲法の有難さの本当の意味は決して分からないと思うのです。この辺りの事情に関しては既に多くの人が指摘しており、また私も執筆の一端を担った矢作先生、長堀先生との共著書『日本の約束』(でくのぼう出版)の中で、矢作直樹先生が丁寧にまとめて下さっております。そちらを参照して頂ければ有難いです。

今私たちは、過去に何が起こったのかもう一度真剣に見つめ直し、硬直した自虐史観から脱却すべき時期を迎えていると思うのです。それがなければ、私たちは誇りと自信をもって日本の価値観を堂々と世界に広めることはできません。何も日本民族が世界一優秀で、日本民族の価値観が絶対だ、などと言う気はありません。しかし、この分断された世界を調和に導くためには、日本の神道に根差した共助、共生の思想が絶対的に必要です。日本の武士道精神の神髄は、敵を打ち負かし息の根を止めるのではなく、敵対者をも巻き込んで共栄共存を図ることにあると言います。正にこの精神です。それは、先に挙げた八紘一宇や大東亜共栄圏という思想にも通じますが、人類は世界全体を一つの家のように考えて、共に栄える道を探すべき時に来ていると思います。話がそれますが、新型コロナウイルスの猛威が世界を震撼させている現在、日本人の死亡者は諸外国と比較して圧倒的に少ないという事実があります。例えば2020年の6月時点のデータでみると、人口10万人当たりの死亡者数は、アメリカで38人、イギリスで66人、ロシアで6人であったのに対して、日本では僅か0・8人です。この原因としては、生活習慣の違いや検疫体制の違いなど色々な推測がなされているのですが、実のところ「よく分からない」というのが実態です。これは単なる偶然でしょうか。この世界の中に在って日本は特別な使命を持ち、それが故に何か特別な力に守られているのではないか。と、そのようについ勘ぐってしまうのは、私だけでしょうか。

つい熱くなり、話題が世界調和という大きなテーマになりました。最初に提示した話題、具体的に、私たちはどんな社会を築けば良いのかというテーマに戻りたいと思います。

自律的コミュニティの創造

三重県熊野市に「熊野飛鳥むすびの里」という小さな小さなコミュニティがあります。代表の荒谷《あらや》卓《たかし》氏が、世界の人々が共に未来を築ける共同体を創りたいとの思想で創設した共同体です。これが、これからの未来社会を築く一つのモデルケースになると私は考えます。国の在り方を変えるには、私たちの考えを具現化するリーダーを選挙で選ぶ必要があります。しかし今の日本の間接民主主義の選挙制度では、私たちの声は簡単に届きません。だとすれば、小さな単位でも良いので、自分達で理想の社会を創るしかありません。荒谷氏のコミュニティは「在所共同体」という思想です。在所共同体の理念を、荒谷氏は次のように説明します。

・在所共同体というのは、その土地の歴史を継承し、未来を創造するため、その土地の生命活動に加わり、全力で生を全うしようとする人々の集まりです。
・在所共同体では、すべてが全員参加の衆議で決まり、共同体の活動は祭りのように全員参加の共同事業です。
・在所共同体では、すべての人に役があります。年寄りも子供も、男も女も、心身が健康だろうが障害があろうが、一人ひとりできることをするのがルールです。ですから、ひきこもりやいじめ、世代間の分離などという問題は生じません。また、行政サービスや企業サービスのような在所以外のものに依存しません。
・在所共同体内では、経済と言う概念はありません。私有や個人の権利もありません。皆が、土地や風土と一体となって一所懸命に生きるだけです。
・在所での「農」は自然との共同作業で、自然の生命活動に人間も参加し、土地に根差すすべてを豊かにする喜びを覚えるものです。（中略）自然の生命活動に参画する喜びです。
ここから一所懸命に働く文化が生まれます。

これらの活動の根底にあるポリシーは、利己主義を利他主義に、権利の主張を報恩感謝に、合理主義を道義主義に、自由競争を共助共栄に、グローバル・スタンダードをローカルスタンダードに変革して行こうという気概です。このコミュニティは、その土地だけでの自給自足を目指すような閉鎖的なものではなく、農業、林業をベースに土地の恵みを頂きながら、市民として行政単位の責任は果たした上で、一般社会との交流の中で存在します。

荒谷氏は、最終的に、家族的な原始共同体を母体として、居住地域の風土に応じた民族文化共同体を構成し、それぞれが互いの文化習慣を尊重し合う社会を目指す、としています。それがやがて、地球上の人々が一つの家で暮らす同胞のような世界に繋がると考えているのです。(33) 自由競争というのは聞こえは良いですが、少し間違えば結局弱い者を自己責任の下に切り捨てる思想です。荒谷氏は、この問題を解消する共同体を創ろうとしているのです。素晴らしい試みだと思います。国や行政に依存していても、何も変わらない。自分たちで行動しなければ、何も始まらない。まずは、小さな理想的なコミュニティを創り、それを世の中に広げてゆく。そんな思想です。

今は情報化社会ですから、このようなコミュニティが一定数でき、それが成功すれば、日本中に広がる可能性があります。最初は少数でも一定数の人々の意識が変われば、「百匹目の猿」現象が起き、世界各地に伝播してゆく可能性があります。何が起こるか分からない現在、自分の存在の基盤を先行き不透明なお金に託し、国や行政に依存するのではなく、土地に根差し自分の信念と価値観で生きてゆく覚悟が必要な時が来ているような気がするのです。もちろん、誰もが簡単にこのようなコミュニティを創ったり、参加したりするのは難しいでしょう。しかし、このようなコミュニティの存在を認識し、頭の片隅に置くことはとても重要です。想いが現実を創る。想い続けると、いつか機会は訪れるようです。要は、創りたい未来は自分で創る、という気概です。それが、私たち一人ひとりに今求められているのです。

おわりに

本書は、これまで多くの先達が述べてきた「霊性」に関する説明を、できるだけ分かりやすく一般に伝えたい、という意図で書きました。

霊性の意味を考える時、一番簡単なのは、豊かな霊性を備えた典型的な人に思いを馳せることです。本書で紹介した霊性を伝える人々は、あくまでも私が個人的に関わった方々です。一方、豊かな霊性を備えた人で一番イメージしやすく、誰もが知っているのは『雨ニモマケズ』に出てくる「デクノボー」ではないでしょうか。あるいはこの詩の作者、宮沢賢治自身と言って良いのかも知れません。宮沢賢治に関しては、今さら説明の必要もないでしょう。日本を代表する童話作家にして詩人、童話『銀河鉄道の夜』、詩集『春と修羅』など多くの魅力的な作品を遺しています。農耕生活に根差した多彩な創作活動を行い、岩手県立花巻農学校の教師を退職してからは、私塾「羅須地人協会」を設立し、自らの健康も顧みず地元民の農業指導に尽力しています。37歳の若さで他界していますが、自らの使命に従い生き抜いたという意味で、とても幸せな生涯だったと私は思っています。因みに彼の多くの作品群は生前はほとんど知られず、高い評価を受けたのは賢治が亡くなった後の事でした。

実は、宮沢賢治は霊の世界が見えていたようなのです。桑原啓善《くわはらひろよし》（山波言太郎）という人がいます。この人は日本のスピリチュアリズムを先導した浅野和三郎の研究を継ぐ正統なスピリチュアリズムの研究者で、実は、シルバー・バーチを日本に初めて翻訳・紹介した人です。その傍ら、深い洞察をもって宮沢賢治を研究した人物です。桑原の著書に『宮沢賢治の霊の世界』(34)『スピリチュアルな話　宮沢賢治とでくのぼうの生き方』(35)などがありますが、そこには、賢治の異次元（霊の世界）を見通していた賢治の興味深いエピソードが詳しく書かれています。賢治のこの能力に関しては、現在でもあまり知られてないようですが。

『銀河鉄道の夜』を死後の世界への旅立ちの描写だ、と読み解く論評は数多くあります。一方、桑原はこれを評し、賢治が実際に死後の世界や霊の世界を見通していたからこそ書けた作品であるとして、次のように述べています。

　賢治の童話、あれみんな好きでしょ、魅力的でしょ、詩も。詩は新鮮無類。童話は幻想的だが、生命感に溢れ、実在感に満ちている。不思議な作品です。

　なぜだ、なぜだ、なぜだ。研究者が色んな事を言っています。簡単なんです、そんな事。

霊の世界が見えたんです。
霊の世界とはこの世の中と殆ど同じような風景です。但し、もっと美しい。同じようだけど透明感があってもっと美しい。そして変幻自在なんです。だから賢治はそれを写していたんです。だから、幻想的だが変幻自在で、幻想的だが実在感がある、実在しているんですよ他界は。だから生命感がある。(36)

賢治の代表的詩集『春と修羅』に、「わたくしといふ現象は　仮定された有機交流電燈のひとつの青い照明です　(あらゆる透明な幽霊の複合体)」という表現がありますが、これなどは、いかにも異次元を見据えた賢治の眼差しが感じられます。賢治の死後発見された有名な『雨ニモマケズ』の詩に出てくる「デクノボー」。いつも人様の幸いを願い、自分のことは後回しにして、質素に慎ましく暮らし、しかし毅然とした意志をもって奉仕に生きる、そんなデクノボー。これは宮沢賢治その人です。桑原はその思想を「無私の献身に生きる愛」と評し、結局その行いこそが自分自身を幸せに導く、と説きます。同時に、この賢治の生き方に学ぶことで我々の霊性が醸成される、と述べています。私もまったく同感です。チベット仏教の指導者ダライ・ラマ14世は、「利他こそは人間の本性である」と言います。私たちは、この賢治の生き方に近づけた時、つまり利他の生き方に目覚めた時、本来の自分に近づけるのかも知れません。それは霊性を備えた自分であり、幸せな存在なのだと思います。詰まるところ私たちは、宮沢賢治の思想や生き方を手本とし、彼の爪の垢を煎じて毎日少しずつ飲めば、本来の「在るべき自分」に近づけるのかも知れません。同時に、魂の次元上昇が近づくのかも知れません。

そして、もし私たちが少しでも賢治の霊性に近づけたなら、それを世の中に伝え仲間を増やすことが大切です。私の友人の星夜《せいや》（ペンネーム）さんは、人のエネルギー（オーラのようなもの）の状態を見ることが出来る方です。ある種のスピリチュアルな能力を備えた方なのですが、彼女は言葉の持つエネルギーすなわち「言霊」の重要性を訴え、言葉（言霊）の使い方次第でその人の人生が変わることを示しています。愛に満ちた言葉を発する人には愛が導かれ、夢に満ちた言葉を発すれば、その言葉のエネルギーが、その人の夢の実現を促すというのです。そして実際に彼女の教えの下、人生が好転した多くの人達を私は知っています。彼女は家庭の主婦でありながら、作家、役者という顔を持ち、なおかつ小さな会社組織を運営し、その上「地球人寺子屋」という組織を主宰しています。いったい、彼女の華奢な体のどこにそんなエネルギーがあるのか、と考えてしまいます。本書で取り上げた多くの霊性に満ち溢れた人達にも共通しているのですが、善なる行いをする人達は宇宙から何か特別なエネルギーをもらえるのではないか、と真面目に思います。この地球人寺子屋は、「人々が国境を越え愛と調和に包まれ、笑顔で生きることができるように！」と願いながら霊性に根差した地道な活動を続けている組織です。

彼女は単なる一例ですが、このような現代科学の理解の枠を超えたスピリチュアルな現象の存在を信じ、その信念の下に地道な活動を続ける市井の人々が今は沢山いらっしゃいます。かつては宗教という枠組みの中で理解されてきたこれらの思考や価値観が、現在は宗教という枠を超えたところで、その自由度を増しながら、市井の人々の小さなコミュニティ、あるいはネットワークとして着実に増えつつあるようです。国や地方の行政制度を簡単に変えることはできません。しかし今はＳＮＳが発達したネット社会ですから、自分を幸せに導いた発想や思想を世の中に伝えることは簡単にできます。そして、もし仮に人々の集合意識が現実社会に影響を及ぼすのであれば、これらの意識の地道な広がりは、やがて社会のシステムを変える大きなエネルギーを持つのかも知れません。

今、世界は激動の時代を迎え既存のシステムや常識が揺らぎつつあります。私たちは新たな価値観と生きる指針を見出す必要があります。その元になるものこそ、「霊性」だと私は考えます。近い将来、ＡＩが台頭し人間の労働の多くの部分が不要になる時代が来るでしょう。しかし、ＡＩが全面的に人間にとって代われるものではありません。なぜなら、ＡＩは思考回路こそ持ち得ますが、「他者の為に祈る」という霊性に根差した利他と慈悲の心を持ち得ないからです。個々の違い、すなわち多様性を認めながらも、全体が調和した争いの無い社会を構築しようとする発想を持ち得ないからです。このような存在が、最終的に人間を凌駕することはあり得ません。なぜなら、最終的に人を突き動かすのは、お金ではなく愛や感動だからです。人を動かす最も大きな原動力は、誰かのために身を投げ出す慈悲の心だからです。しかし、もし仮に多くの人々が霊性を失くした時は、ロボットが人間を支配するというＳＦのような時代が来るのかも知れません。社会の変化がどんどん加速され、なかなか先が見通せない現代であるからこそ、今、私たちは豊かな霊性を求めて日々を生きることが大切だと思うのです。

そして、その想いを多くの人達に伝えてゆくことが大切だと思うのです。

謝辞

本書の執筆に際し、以下の方々に大変お世話になりました。謹んで、ここに謝意を表したいと思います。

東京大学名誉教授矢作直樹先生には、ご多忙の日々の中、貴重な時間を割いて推薦文をお書き頂きました。

でくのぼう出版（代表　熊谷えり子氏）には、私の原稿をよく吟味し出版に至るまで多大なご支援、アドヴァイスを頂きました。

そして、いつも私の本の素敵なカバー絵を描いてくれる、ばしこ画伯こと小林詩織さん。彼女には超多忙の中、今回もこの本を象徴する素敵なカバーを描いて頂きました。

その他、この本で紹介させて頂いた全ての方々は皆霊性に満ち溢れた魅力的な人物であり、私自身の霊性の醸成を大きく促してくれた魂の恩人です。心より感謝申し上げます。

令和の時代を迎え、我々を取り巻く世界は大きく音を立てて変わりつつあります。そんな中、霊性という軸を自身の中心にしっかりと据えて残りの人生を過ごしてゆきたいと考えております。また同時に、霊性を人々に伝えることが自分の使命だと認識しております。

最後に、本書をお読み頂きました全ての方々に深く感謝申し上げます。ありがとうございました。

令和3年2月27日　北アルプスを望む『山想』にて

濁川孝志

参考図書

（1）ブライアン・L・ワイス（山川紘矢、山川亜希子訳）『前世療法』（PHP研究所）
（2）飯田史彦『生きがいの創造』（PHP研究所）
（3）矢作直樹『人は死なない』（バジリコ）
（4）長堀優『見えない世界の科学が医療を変える』（でくのぼう出版）
（5）池川明『生まれた意味を知れば、人は一瞬で変われる』（中央公論新社）
（6）高橋和夫『スウェーデンボルグの思想』（講談社現代新書）
（7）池川明、大門正幸『人は生まれ変われる。』（ポプラ社）
（8）下野葉月『「科学と宗教」に関する歴史的考察』（現代宗教：2019）
（9）龍村仁、龍村ゆかり『地球《ガイア》の祈り』（角川学芸出版）
（10）濁川孝志ほか『教育とスピリチュアリティ』（立教大学コミュニティ福祉学部紀要：2011）
（11）飯田史彦『生きがいの教室』（PHP研究所）
（12）濁川孝志ほか『星野道夫のスピリチュアリティ —文学作品から日本人の志向するスピリチュアリティの一形態と、その多様性を考える試み—』（日本トランスパーソナル心理学／精神医学：2015）
（13）髙橋真理子『すべての人に星空を —「病院がプラネタリウム」の風景』（新日本出版社）
（14）濁川孝志ほか『日本人青年におけるスピリチュアリティ評定尺度の開発』（日本トランスパーソナル心理学／精神医学：2016）
（15）星野道夫『星野道夫著作集 1』（新潮社）
（16）矢作直樹、長堀優、濁川孝志『日本の約束 ～世界調和への羅針盤』（でくのぼう出版）

(17)長堀優『日本の目覚めは世界の夜明け ~今蘇る縄文の心』(でくのぼう出版)

(18)長堀優『いざ、霊性の時代へ ~日本が導くアセンションへの道~』(でくのぼう出版)

(19)星野道夫『星野道夫著作集 3』(新潮社)

(20)星野道夫『ナヌークの贈りもの』(小学館)

(21)星野道夫『魔法のことば(南東アラスカとザトウクジラ)星野道夫講演集』(文藝春秋)

(22)ジョーゼフ・キャンベル、ビル・モイヤーズ(飛田茂雄訳)『神話の力』(早川書房)

(23)星野道夫『星野道夫著作集 4』(新潮社)

(24)星野道夫『星野道夫著作集 2』(新潮社)

(25)龍村仁『地球《ガイア》のささやき』(創元社)

(26)龍村仁『地球交響曲《ガイアシンフォニー》第三番 魂の旅』(角川書店)

(27)龍村仁『ガイア・シンフォニー間奏曲』(インファス)

(28)木村秋則『すべては宇宙の采配』(東邦出版)

(29)石川拓治『奇跡のリンゴ』(幻冬舎)

(30)榎木孝明『30日間、食べることやめてみました』(マキノ出版)

(31)濁川孝志『ガイアの伝言 ──龍村仁の軌跡』(でくのぼう出版)

(32)アーヴィン・ラズロ、ジュード・カリヴァン『コスモス』(講談社)

(33)荒谷卓『サムライ精神を復活せよ!』(並木書房)

(34)桑原啓善『宮沢賢治の霊の世界』(でくのぼう出版)

(35)桑原啓善『スピリチュアルな話 宮沢賢治とでくのぼうの生き方』(でくのぼう出版)

(36)桑原啓善『変革の風と宮沢賢治』(でくのぼう出版)

参考ウェブサイト

（ａ）『カントによるスウェーデンボルグの千里眼批判』：https://www.swedenborg-hito-ha-shinanai.net/第十章-カントによる千里眼批判/

（ｂ）『霊性進化の道─スピリチュアリズム』：http://www5a.biglobe.ne.jp/~spk/about_sp/sp-history/index.htm

（ｃ）『シルバーバーチは語る』：http://www5a.biglobe.ne.jp/~spk/about_sb/sb-words/sb-words-3.htm

（ｄ）『勝五郎生まれ変わり物語』（日野市郷土資料館）：http://umarekawari.org/story/

（ｅ）『サムシング・グレートに教えられたこと』村上和雄（致知出版ＨＰ）：https://www.chichi.co.jp/info/chichi/pickup_series/2018/サムシング・グレート-に教えられたこと/

（ｆ）『ガイアシンフォニー第四番』：http://gaiasymphony.com/gaiasymphony/no04

（ｇ）『榎木孝明　オフィシャルサイト』：http://www.officetaka.co.jp/picture/index.shtml

＊ホームページの記事は、全て２０２１年３月現在のもの

濁川 孝志（にごりかわ　たかし）

1954年、新潟県生まれ。
現職：立教大学名誉教授　博士（医学）
研究領域：トランスパーソナル心理学、心身ウエルネス、自然とスピリチュアリティ
著書に『星野道夫の神話』（コスモス・ライブラリー）、『星野道夫　永遠《とわ》の祈り』（でくのぼう出版）、『ガイアの伝言　龍村仁の軌跡』（でくのぼう出版）、『日本の約束　世界調和への羅針盤』〈共著〉（でくのぼう出版）、『新・コミュニティ福祉学入門』（有斐閣）、『ブラックバス問題の真相』（牧歌舍）など

大学教授が語る霊性の真実
——魂の次元上昇を求めて

二〇二一年 五月 二日 初版 第一刷 発行
二〇二一年 六月 五日 　　　 第二刷 発行

著 者 濁川 孝志
装 幀 熊谷淑徳・青木 香
カバー挿画 ばしこ。
発行者 山波言太郎総合文化財団
発行所 でくのぼう出版
神奈川県鎌倉市由比ガ浜 四—四—一一
TEL 〇四六七—二五—七七〇七
ホームページ https://yamanami-zaidan.jp/dekunobou
発売元 星雲社（共同出版社・流通責任出版社）
東京都文京区水道 一—三—三〇
TEL 〇三—三八六八—三二七五
印刷所 株式会社 シナノ パブリッシング プレス

ISBN978-4-434-28918-7

本書はまさに今を
生きる人たちへの
大切なメッセージです。
ダイバーシティ研究所
代表理事 田村太郎
特に、若い方たちに読んで頂
きたい内容だと感じました。
でくのぼう出版

定価 1,540 円（10%税込）
ハードカバー／ 224 ページ

星野道夫　永遠(とわ)の祈り
共生の未来を目指して

濁川孝志 著

霊性（スピリチュアリティ）、心身ウエルネスを研究し、長年、教壇から若者たちに希望と感動を与え続けてきた濁川孝志 立教大学教授が、写真家 星野道夫の珠玉の言葉をひもときながら、優しく美しい文章でつづる渾身の一冊。生命は限りなく美しい…多くの社会問題の底に横たわる悲しみを癒し、自然から切り離され、時間に追われる現代人が忘れた人生の輝きを、もう一度取り戻すためのエッセイ集。

ガイアの伝言
龍村仁の軌跡
濁川孝志

ガイアシンフォニー。それは自分たちに目を覚くれる映画です。
音楽 榎本幸利ほか 俳優
「自然の声の刻聞きがたい癒しの時間だ、監督の時代、
時代と霊妙に刻まれ込まれた生です」
「龍村監督の人物像をここまで深掘りしてくれた濁川孝志先生に感謝いたします！」
（魂の次）9名からのメッセージを掲載

定価 1,540 円（10%税込）
ハードカバー／ 320 ページ

ガイアの伝言　龍村仁の軌跡

濁川孝志 著

映画「地球交響曲／ガイアシンフォニー」の監督・龍村仁の人生を紐解きながら、奇跡的な出会い・シンクロニシティを繰り返しながら繋がって行く、ガイアに選ばれた出演者（魂の友）たちのエピソードを、立教大学教授・濁川孝志が深く、美しく、その思想を綴っていく。混迷を極めたこの時代に、見失った霊性を呼び覚まし、地球は生きているという、人が忘れかけていた当たり前の真実を、感動とともに思い起こさせてくれる現代人の必読本。

世界調和への羅針盤
日本の約束
矢作 直樹
東京大学大学院教授

長堀 優
育生会横浜病院院長

濁川 孝志
立教大学教授

定価 1,540 円（10%税込）
336 ページ

日本の約束　世界調和への羅針盤

矢作直樹・長堀 優・濁川孝志 共著

小医は病を医し、中医(ちゅうい)は人を医し、大医は国を医す

霊性を研究する濁川孝志 立教大学教授の呼びかけで、矢作直樹 東大名誉教授、長堀優 育生会 横浜病院院長が、隠された日本の歴史や世界の実像、今、日本に次々起こる事件や天災の意味、これから日本人が進む道を明解に指し示す。この本を読めば、私たち日本人にかけられた洗脳がとけ、希望と気概が湧いてくる。世界調和をもたらす使命（約束）を帯びた、日本人覚醒の書。

全国の書店でお求めいただけます〈発行 でくのぼう出版／発売 星雲社〉
通信販売はでくのぼう出版まで。送料実費ですぐにお送りします。
☎0467-25-7707　ホームページ https://yamanami-zaidan.jp/dekunobou

[illegible]